那些年，我走過的路 Life as a Journey

那些年，
我走過的路

Life as a Journey

時代論壇 主編

基道出版社

時代論壇
CHRISTIAN TIMES LTD

▼

時代論壇書系

那些年，我走過的路

主編
時代論壇

責任編輯
文肖玲、梁冠霆

裝幀設計
奇文雲海・設計顧問

■

出版／發行
基道出版社
香港沙田火炭坳背灣街26號富騰工業中心1011室
LOGOS PUBLISHERS
Unit 1011, Fo Tan Ind. Centre, 26 Au Pui Wan St., Shatin, Hong Kong
電話：(852) 2687-0331　傳真：(852) 2687-0281
網址：http://www.logos.com.hk

承印
雅聯印刷有限公司

●

1/2012 初版
Cat. No. LP913
ISBN 978-962-457-432-6

Printed in Hong Kong

刷次	10	9	8	7	6	5	4	3	2	1
年份	2021	2020	2019	2018	2017	2016	2015	2014	2013	2012

羅序

思考人生，要找一個意象作比喻，腦海裏不期然就浮起黑夜遠行的畫面，徒步穿越無垠曠野。

在曠野上，有人會提起一盞又熱又吵的大光燈，有人會把又冷又靜的探射小電筒綁在額前，有人會拿出由祖屋取來的火水燈，也有人隨便把幾支螢光棒綑在一起，還有人會舉起火把，讓燄舌隨風搖曳……

黑夜裏，我們看不見盡頭，但行走的一刻，能望見前面的三兩步，已經足夠。每一步，是恩典，也是信心。

越過曠野，走到天亮，回頭一看，原來足迹交錯。有些路，前人已經走過，所靠的都是那腳前的燈，路上的光（詩一一九105）。

《那些年，我走過的路》的文章，選取自《時代論壇》週報的「人生足印」專欄。當年眾編輯同工構思這個專欄，是有感於教會羣體內的信仰見證，常常只見套用「信主前／信主後」的格式，活像一套戲法，也千篇一律，忘記了人生是一個漫長而經常變換風景的歷程，見證也因而失去了感染力，甚至讓人感到不真實，縱使這些經歷原本都是千真萬確的。

每一位「人生足印」專欄的作者，所寫的都是自己生命歷程之中的大小片段，或是駭浪驚濤，或是細水長流，盡都有血有肉，有笑有淚。那一刻，他們帶著靠賴耶穌的生命叩問。那一刻，我們見證人與上主相遇。

這裏得再衷心感謝十位作者樂意換一個平台，在這本書的字裏行間與我們分享昨日的心迹，舊日的照片，見證一段段與上主同行的人生軌迹。也要多謝基道出版社的編輯和設計同工（見版權頁），他們勞心勞力，為讀者重新整理這些文字與光影的記憶，再呈現在讀者眼前。

二〇一〇年十月去南非開普頓採訪一個基督教國際會議

時，在主日參加當地教會的崇拜。其中一間教會的禮堂掛了兩幅以非洲大陸地圖與當地人民面貌為背景的直幡，一幅寫了一些關心貧窮人的信息，另一幅的內容大意是：眼前其實沒有人走熟的小徑；要闖一條路出來讓人跟隨，只有合力同心，你們就可以完成那單打獨鬥所不能成之事。

《那些年，我走過的路》將各人的人生足印匯聚在一起，「合力同心」出來的又會是一條怎樣的路徑，讓你我跟隨？這實在不易回答。書中每位作者所分享的生命經歷，所走過的路，是那麼獨特，卻又是那麼共通——重要的其實不是路，而是路上與他們同行的上主。回頭一望，高低起伏，都是恩典。

甚願你看完作者的分享後，也會與我們共享一份感恩之情，同向上主說一聲：阿們。

羅民威

《時代論壇》總編輯

目錄

Life as a Journey

我信！但我信不足，求主幫助。（可九24）

01 Life as a Journey

九廣鐵路，南行

胡燕青

香港浸會大學語文中心副教授

畢業於香港大學文學院，現職浸會大學語文中心副教授。著作包括新詩、散文、小説及少兒文學，著作達數十種。曾兩獲香港浸會大學「校長杯傑出表現獎」（教學），得兩項「基督教湯清文藝獎」（年獎、卓越成就獎），兩項市政局「中文文學創作獎」（新詩組冠軍、散文組冠軍），四項「中文文學雙年獎」（新詩首獎及推薦獎、少兒文學首獎及推薦獎）。短篇小説集《好心人》入選第二十二屆（2011）「中學生好書龍虎榜」十本好書。二〇〇三年獲香港藝術發展局頒發之「藝術成就獎」。

回頭一看，
成長真不容易……
歷史被壓碎了，
但我們仍在同一城市內，
過著天父賜下的好日子。
我心裏沒有怨恨，
只有經歷，
以及經歷帶來的巨大智慧。

老房子種種

我小時候住在廣州一幢「洋樓」裏。

大廳有陽台，舉凡晾衣種花劈柴擱掃帚，都在那兒進行。石欄已經崩壞，媽媽禁止我們接近，但我們不聽話。陽台對下有一口活井。我們不得上街，但孩子總愛往街上闖。於是我們拿了些小石子、小罐子之類的東西來對準井口就扔，中了，井裏會響起叮咚的水聲。

從大廳走到尾房，路程足足二十米，靠牆那邊有個高窗，外面是另一房子的天台，隔壁孩子的聚腳點，貓的天堂。我們的貓很少待在家裏，除非外婆叮叮敲響搪瓷碟子；我們家的老鼠也從未絕迹，貓是黑是白，我一點印象都沒有，只記得自己總會走進高窗投來的陽光裏玩。那一柱光裏有好多塵，它們總是閃閃發亮地慢慢降落。

尾房有一列大窗，下面有人買可以吃的、像蟑螂一樣的蟲子。房間夠大，冬天時，一家幾乎全搬進來，因為下午有大太陽，夠暖和。但五月一到，我們又搬回頭房和大廳，尾房立成禁地。媽媽說那兒太「蒸」，人會感冒。就這樣我們在家裏搬來搬去的，很是有趣。遇上酷暑，媽媽還准我們拿幾張草蓆在大廳光滑的花磚地上打鋪。這種日子特別叫我們興奮，儘管睡到半夜會有四腳蛇掉到脖子上，貓羣會在我們身上追逐打架。

媽媽不在家時，我一聲令下，弟弟妹妹就會學著我抱一個痰盂，走進尾房，三人向著媽媽的全身鏡一面說話一面扮鬼臉一面認真地拉屎。真難以置信，我們總能同時拉出不少東西來。當時，痰盂用途特多。晚間一定要帶進房間，否則要走過又黑又長的走廊上廁所，必怕得半途賴尿。

我隨父親先移民香港。文革時，紅衛兵進佔我家的大廳和頭房好幾個月。他們離開的時候仍不知道尾房養著兩個安靜的小朋友。他們就是我的弟弟和妹妹。

火車

童年時，我對新奇的東西都很有感覺，火車自不例外。因為跟爸爸移民香港，火車總讓我聯想某種意義的勞碌和分離，給我的感覺非常複雜。

老家在廣州，我給寄養在長洲；爸爸身影飄忽，他住在各個不同的打工的地方。每逢寒暑二假，他就來到小島把我帶回廣州去。假期回來，我上學，他找工作。

回家的日子半夜就起牀。父女倆背著挽著幾個巨大的行李箱，登上難得一坐的計程車。黑暗中，車子開往尖沙咀，那裏有一個鐘樓，所有火車從那兒開出。天黑如故，那高高的鐘樓已開門賣票，且已經滿布回鄉人模糊不清的臉和因負重而彎曲的身影。金黃色的燈光從裏面湧出，抹亮了天星碼

頭一帶。我隨著爸爸寸步不離，等待著節奏明快的火車旅程，等待著黃昏的時候擁抱母親。

九廣鐵路香港段，火車燒柴油，臭得很。車上設備簡陋，好在有賣雞腿的小販。爸爸必買給我吃。不過，因為帶著我，手腳慢，爸爸沒椅子坐，他讓我坐在行李箱上。那時的行李箱沒有輪子，難帶，卻坐得安穩。

下車了。爸爸會在人人都站起來排隊的時候，突然拉了我坐到騰空的椅子上。他打開窗子，把行李箱一個一個摔到外面，然後自己跳下去，再叫我爬到窗沿上坐著。我看見他張開手臂，就放心一躍。我們比誰都快地下了車，往關口直奔。

一過關，就是大陸，我知道要特別乖。眼前到處都是泥地和粉牆，牆上有很多簡體字標語，一切都破爛得很，但火車卻特別舒服，有劃定座位。我特別喜歡座位中間的那張小方桌。那短暫地屬於我的小空間，實在美妙。像用一個碗從一大缸水裏面勺起的那麼小小的一碗，只屬於我。不久，真的有賣茶的經過。他們會先放下一個有蓋的白瓷杯和一包茶葉，過一陣子才來沖水。那水總是不夠熱，茶葉要泡很久才打開，但人口渴，茶香得很。接下來幾小時，爸爸還會帶我到餐卡買飯吃。在火車上有餐廳，多好玩哪。記得那兒有賣榨菜肉片飯的，那飯非常美味。

汽笛響了，火車輕輕一動。廣播器裏面一位姐姐用普通話說：「旅客們，同胞們⋯⋯」然後是《我的祖國》的合唱。「睡一會吧。」爸爸說。轉動的輪子細細敲打著我貼在爸爸胳膊上的耳朵，敲著敲著我就長大了，爸爸變成老人，火車也變成了港鐵，裏面不得吃東西。

島

父親把我放在長洲，打工去了。我和「婆婆」住在一間石屋子裏。「婆婆」並不老，純粹因為她是祖父的妾，才得此稱呼。其實我常常看見她為不大正常的月事煩惱。那一年我八歲，讀小學，剛好趕上那個四年級才開始學英語的年代。

婆婆在上海長大，很有海派女人味道。我媽恨她，因為媽和我親奶奶親厚。我爸也恨她，因為她是我爺爺奶奶之間的第三者。我不恨她，但也不愛她。她話不多。我是個急性子，她是個慢郎中。我不酷愛女孩子喜歡的東西，只愛讀書和胡思亂想，她嫌我男孩子氣。她為爺爺帶過好幾個孫女之中，數我最不像閨女，最愛問問題，也最莽撞。姐姐們把廣東人的俚語「撞死馬」改為「撞死大笨象」，用來形容我，婆婆聽見也忍不住笑。

婆婆後來請了舅太婆（她的舅媽）來同住。婆婆死後，舅太婆一個人在這屋子裏終老，幾乎活了一百歲。後來我長大了，漸漸明白「婆婆」這個女人的人生是多麼的悲哀。她的男人三幾個星期才毫無預告地出現一次，當天下午就走了。她被困在小島上，像一隻小貓那樣被養著、「寵」著。我說「寵」，因為我的奶奶在九龍和爺爺一同勤勞工作，十分辛苦。爺爺知道，若不把婆婆收得那麼遠，看她看得那麼疏落，實在對不起天天與他在深水埗同甘共苦的奶奶。

長洲那時到處是菜田，旁邊有糞池。為了不讓臭味四散，用草蓆蓋著。我就這樣踏了上去，掉進深深的糞池裏去了。不知何以做到——我掙扎著爬了出來，跑步回家開了水龍頭照頭淋了好久，然後換衣服。到婆婆和媽媽去世，她們都不知道發生過這樣的事。知道此事的只有當時在某個陽台上看著我出事的一對母女。她們的樣子很焦急，因此我心裏感激，從沒忘記她們。我還從同學那兒惹過頭蝨。我自行拿了一盆煤油（火水）來洗頭，洗過了，又用勞工鹼把煤油洗淨，然後坐在天井上把頭髮吹乾。我就是這樣一面照顧自己，一面讀著母親從大陸寄給我的書長大的。從長洲回到九龍的時候，我已經會買菜、做飯、修理家居用品、洗衣服和打毛衣。但我不會過馬路。

我還從婆婆那裏知道了一事：依附男子的女人是淒涼的，但女人可以做的不多吧？婆婆每天晚上把自己種的茉莉花摘下來，放在一個醬油小碟上，帶來滿室清香。但那種香很快就被蚊香的濃烈氣味掩蓋了。婆婆弓著身子，躺在牀的外緣，聽説她很難入睡。我則喜歡受保護的感覺。到現在我結婚多年了，我的牀還是要靠牆的，而且我必睡在內側。我不想像她那樣，一生做一個島，而且是一個偏遠的小離島。

我們的小山坡

中學時遇上一位非常有性格的同學，她的聰明和漂亮，一直吸引著我。她對人的感情極為激烈，後來我才曉得，那是不自覺的操控傾向。

這位同學小時被父母遺棄，後來由父親一位好心的友人養大。我的家庭也是支離破碎的——雖然父母感情很好，但一個在九龍，一個住廣州；我則整個小學階段給擱在長洲，不免也有點自憐。我們的童年不無相似。

我從來沒有惹過這位小姐，開頭我們根本不同班。她呢，卻從小就針對我。在她眼中，我說的話，我做的事，我笑或哭全都是錯的。從其他同學那裏聽到這些惡評，我覺得深受傷害，並已經在潛意識裏慢慢建立起負面的自我形象。

到了中五，在會考壓力下，這位同學竟然主動與我親厚。她的幾位死黨覺得極度奇怪，因為她口中的我向來一無是處。

我沒有拒絕她，甚至覺得那是一種期待已久的和解。我們天天走在一起，一同溫習，一同吃喝聊天，哈哈大笑，連老師都擔心起來。一日，她告訴我，我有一個很大的缺陷：是個“incapable of affection”（無法愛人或與人親密）的人。那一刻，我竟然完全接受了那句話，徹底絕望了。後來，我和許多人的關係，都受到這話的深刻影響。即使結了婚，信了主，我還是對自己完全缺乏信心。

我們熱烈地「要好」了幾個月，坐在學校大草地東面的小山坡上無所不談，包括喜歡哪些男孩子，都說得清清楚楚。她不開心的時候，我陪她。但有一天，她毫無預告地恢復了對我的不屑和冷漠，從此再沒回頭。

許多年後，輔導員聽了我這段小不起眼的感情插曲，淡然說：這是一種欺凌。

移民加拿大的另一老同學打電話來聊天。我跟她提起輔導員的話。她說：「啊，原來你不知道？那時我們全部都曉得她是個欺凌者（bully）。」但是，她又說：「你聽好：為何只有你被欺負了？為甚麼她不能欺負我？因為我不讓她這樣做；所以我說你也不對。」

我這位好友同樣是個輔導員。她嚴厲，但解決了我的問題。我的天空忽然全亮了。

回頭一看，成長真不容易。我又想起在學校的小山坡上我倆如何坐著胡亂説話。現在，這個山坡給建成了一家巨大的酒店。歷史被壓碎了，但我們仍在同一城市內，過著天父賜下的好日子。我心裏沒有怨恨，只有經歷，以及經歷帶來的巨大智慧。

1 在廣州和媽媽一起
2 一九八一年結婚後影於北京
3 一九八四年，女兒出生後三個月
4 進大學前在中學實驗室外留影

至於我，我必在義中見你的面；我醒了的時候，得見你的形像就心滿意足了。

（詩十七15）

02 Life as a Journey

巨人下的奮鬥夢

司徒永富

鴻福堂集團執行董事

一九八四年在樹仁學院經濟系畢業後，於美國路易斯安那大學（University of Louisiana）取得 MBA 學位。回流香港後，在中信嘉華銀行任職；九十年代初期再到美國完成管理學博士學位。回港後在一中資窗口公司任職，一九九九年加入鴻福堂，現職執行董事。

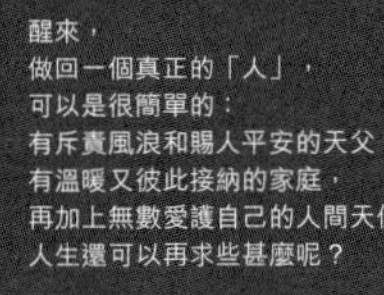

醒來，
做回一個真正的「人」，
可以是很簡單的：
有斥責風浪和賜人平安的天父，
有溫暖又彼此接納的家庭，
再加上無數愛護自己的人間天使，
人生還可以再求些甚麼呢？

年老的巨人

兒時，常常看到爺爺把四層高的唐樓梯間清洗得一塵不沾，默默的幹，卻不求掌聲。由於生活逼人，爺爺想了個辦法，在天台蓋搭木屋租給理工的同學。木材是從街市檢回來的生果箱（其時稱「新奇士板」），把它折成一塊塊小木板，砌成小木屋。遇上颱風，辛辛苦苦搭建好的木屋，一夜間就給吹塌了，他便厚著臉皮向同學說：「給我一個月，我會重建木屋給你們。」

第二天，他便拿起鎚仔，逐釘逐釘的修建。諷刺的是，爸爸是木匠，但爺爺卻堅持貫徹不求人的性格，偏執地慢慢鎚下去。

爺爺就是這樣的一個人，一個鬢白年老的巨人，他的信念是——只要有一個鎚仔在手，就可以鑿出自己的人生。然而，無論是蓋木屋或是清洗樓梯，他都不求人，默默地幹；成功與失敗，在他眼裏，只是站頭的景色，美麗與否，言人人殊；過程卻是最重要，他樂在其中。

如今每遇挫折，爺爺的鎚仔與地拖便浮現在我的腦海中。我會想，若這件事是爺爺做的，他會怎樣做，最後，我便會低下頭，繼續努力克服困難。今天有幸賣涼茶，我會告訴自己，龜兔賽跑，最終是龜贏出；我是賣龜苓膏的，最終我是會成功的。這份信念也是從爺爺的信念延伸出來的。

「凡你手所當做的事要盡力去做……」（傳九10）

「不要只在眼前事奉……甘心事奉，好像服事主，不像服事人。」（弗六6～7）

夢中的怪獸

曾經做了一個奇怪的夢。

夢中，我吃力地爬上一座懸崖，身後被一頭巨大的怪獸追趕。

我拚命的向上爬，心砰砰亂跳，爬到山嶺，面前只有一片平地，怪獸也快要趕上。牠一直爬，那張血盆大口一直張開。

夢裏的我很害怕，急得脫下身上的衣衫，拋入怪獸的口裏，奈何沒半秒，牠又向著我張開口。

然後不知從哪裏來的鎚仔和鉗子，我隨手拾起又拋進怪獸的口裏，但那頭怪獸好像永遠吃不飽似的，繼續一步步向我迫近。就在牠快要撲過來把我吃掉時，我從夢中給驚醒過來。但夢中的一切是那麼的真實，醒來仍歷歷在目。

當天晚上，跟太太説起這個夢，太太問我可知道那頭怪獸是誰，然後就拋下一句：「是你自己。」

世界上最明白自己的，莫過於寢邊人。太太曾經和我一起走過不少人生風暴，最深刻的是頭兩場。第一場風暴是八九年民運，在六四期間的週末，我和太太在中環和記大廈門口排隊買樓，排隊的人愈來愈少，因為傳出鄧小平被刺殺的消息，自命富貴險中求的我，硬拖著太太堅守崗位，最終買了樓花，後來樓價升了，套現後換來了人生的第一桶金。

這場風暴有驚無險，但太太已嚇過半死。

第二場風暴正是九七年金融風暴，縱然太太不斷苦口婆心勸我見好即收，及早離場，但貪勝不知輸的我，還是不斷出擊，結果一場金融風暴，蒸發了我倆所有的積蓄，落得負資產收場。

在我太太心目中，大部分時間我都是那頭「夢中的怪獸」——貪得無厭，永遠餵不飽。因為人如其名，我很想「永遠富有」。人生如夢，作夢的人，總會有一天睡醒的。醒過來，慶幸寢邊人不離不棄地風雨同路，那份滿足，不是會朽壞的物質可以相比的。醒來，做回一個真正的「人」，可以是很簡單的：有斥責風浪和賜人平安的天父，有溫暖又彼此接納的家庭，再加上無數愛護自己的人間天使，人生還可以再求些甚麼呢？

走出深淵

金融風暴後的數年，我仍深陷財困，對前路感到渺茫。但天意弄人，不久太太證實懷孕，對我不但不是喜事，而且更可算是噩耗。我在想，連自己的生活也管不好，又怎能好好的養活小孩？等到兒子出世，我給他起名叫「力峰」，喻意作父親的我本來很想登上人生的山峯，如今我已乏力，還是留給兒子用力登上他人生的山峯，可想「力峰」這名字，隱藏著一份為人父親的落泊及悲情。

兒子出世了，家裏經濟沒一下子好過來，可是看到小孩子一天一天的成長，活潑開朗的性格，卻給予我和太太莫大的安慰。

年前，太太證實再度懷孕，這次我倆卻抱著熱切期待的心情迎接第二個小生命的降臨。可是，這趟天意更弄人。五個月大的胎兒卻被驗出患上唐氏綜合症，那一刻我腦海一片空白，一連串莫明的問題湧現心頭。還清楚的記得，當太太告知我這消息時，豆大的淚珠兒失控地從雙眼滾下來，心情和窗外的藍天白雲景象極不協調。縱然看到上帝就在美麗天空的那端，內心卻無法面對生命的另一場挑戰。

之後的一個月，我和太太墮進了一段幽暗沉鬱的日子，刻意地放緩生活步伐，為要聽上帝的聲音。

然而奇怪的是，上帝始終沒對我們說甚麼，只是人的聲音卻聽不少，當然全都是關心及愛護我們的「天使」。例如某天二哥說上帝感動他要作孩子的契爺，要代我們照顧他，他說：「上帝要藉著人看為不完美的生命來祝福你們」。更有趣的是，太太的知己朋友，也不約而同要做孩子的契媽。

未能聽到上帝的聲音，我倆乾脆把天使的聲音成為向前走的動力，漸漸從深淵中慢慢爬出來，由起初的不接受到接受，甚至學習重拾盼望，準備迎接這孩子的來臨。

就在一切看似安頓下來的一刻，醫生卻要求太太終止懷孕⋯⋯

恩典太美麗

在一次例行檢查中，醫生發現太太懷中的胎兒全身水腫，並告知我們胎兒的生存機會近乎零。在絕望中，我們還是四出訪尋名醫，希望會有奇迹出現。奔走了數週，醫生苦口婆心的勸我們不要再拖拉下去，否則連太太都會有生命危險。

那刻，腦海空白一片，只記得我們走到診所門外的通道上禱告，流了很多眼淚，好不容易太太才同意接受流產手術。

「嬰孩出來了！」我從護士手裏接過他。在媽媽肚裏只有五個月大的孩子，五官長得很端正，在我懷裏很安詳地睡去。

我悄悄偷看孩子的腦後，原來拖著一個大大的水瘤。我想他在媽媽的肚裏一定很辛苦了。如今他的痛苦被釋放了……他正躺在天父的懷裏，睡得很甜。

我們為他舉行了一個只有五個人的安息禮拜，並唱了一首詩歌給他聽——《恩典太美麗》：「這天同聚於主聖殿，來數算我主恩典……深信這日勞苦不徒然，神終會賜我榮美冠冕……」

詩歌是我選的，寫照了當下我們瞥見上帝的心境：一切都在祂的手裏，包括生命。賞賜的是耶和華，收取的也是祂。祂把我和太太帶到屬靈的山峯，讓我們徹底降服，親眼看著祂的作為，因為祂是獨行奇事的主。

我們把兒子改名叫得峰——「得上耶和華的山峯」。

得峰離世後一星期，太太問我，在整個過程中有沒有聽到上帝的聲音？我說：「沒有。」我反問她又可聽到？她指著窗外不遠處的一棵大樹說：「我也沒有聽到，但我看到，就好像我們眼睛看不見風，但當看到樹葉搖動，我們就知道風在那裏。」

生命的足印，不能缺少上帝的足印，有時祂沒發聲，卻背著我們走，這便是「恩典太美麗」。

1 一九九三年與妻子一同赴美留學
2 二〇一〇年信義宗神學院神學碩士畢業
3 兒時照片
4 一九九五年於美國完成博士學位

求之於勢，不責於人。

03 Life as a Journey

一路走來

蔡桂球

基道出版社社長

年輕時於大一、正形及理工學院修讀美術設計課程，曾獲多個獎項。其後在珠海學院攻讀新聞系，曾任《華僑日報》記者及雜誌編輯。一九八〇年加入基道書樓負責美術設計及出版工作，一九九二年升任總經理（後稱社長），致力優化基督教書室、出版等文字事工，並推動業界基督教書展。於二〇一一年第五屆基督教金書獎中獲頒「出版人獎」。

如果我們以為
能逃避生命中的苦難，
我們的生命會變得空洞，
更重要的是在當中重新找到上帝；
只有主耶穌才真實地
在我們的苦難中存在。

從貧窮到貧窮

「自幼家貧書少讀」，正是我童年的寫照。

記得自從十歲那年，我們一家搬離了西營盤薄扶林道的老街唐樓，告別生活多年朝行晚拆的板間房歲月後，便不用再排隊用廚房及上廁了。當時搬離的心情很興奮，終於有四堵實在的牆。從香港島搬來紅磡是很複雜的，模糊的印象中記得貨車是要坐渡輪的，我們三兄妹已經累得要死，貨車折騰了很久才來到一個名為「山谷邨」的地方。天啊，這真的像美國西部大開發。這裏真是像一個「山谷」，四野很荒蕪，周圍都是開鑿的石堆，將來要吃油條豆漿怎辦？上學要步行多久？帶著一大堆疑惑，我們開始了新生活。我們家並沒有脫貧，生活沒有因此而改善，隨之而來的只是更大的生活壓力。

天還未亮，母親便弄醒我，帶著我摸黑開工。在前往同一屋邨的其中一座垃圾收集房，她分配一個較小的垃圾籮給我，於是我就跟著她從上而下的，逐層逐戶收集每家的垃圾。回想過來，真是難以想像那段日子是怎樣過的！一個只有十二歲的小伙子，怎麼能夠拉動一個與他體重相若的籮？且能獨個兒在陰森的屋邨走廊工作？我的效率很高，因為每次都只想快點走到走廊的另一盡頭，期望能盡快會合母親。

這樣的日子過了三年，從小四到中一。後來母親為了讓我有多點時間學習，於是再不用我幫忙了，而她在友人的介紹下，去了九龍巴士當清潔工。

父親則在西營盤的中藥店工作，由於路途遙遠，於是在店中留宿，每週只在週末回家，直到我中四那年，父親由於工作過勞而因病逝世。在父親離世前的一段日子，我因要照顧患病的父親，學業成績每況愈下，加上在他離世後我要幫補家計，只得毅然離開度過我少年黃金歲月的中學——鄧鏡波中學。

很快我已在工廠找到一份工作，晚間進修美術設計。雖然學業上遭受很大的挫敗，但那年在美術設計的學習中，卻找到我人生的另一片天。設計就是我的興趣，自小便喜歡畫漫畫，求學時的美術科經常不太費神便取得佳績，想不到上帝在我生命的規劃裏畫上一個註腳。

從文字到文字

人生步進半百，回首前塵往事，我的一半歲月都是與我太太麗然及我事奉的機構——基道書樓（現稱基道文字事工）息息相關。

告別中學生活的那年，一邊在工廠工作、一邊進修，就在意志消沉的時候，被中學的一班「波友」邀請我上教會，沒有很大的內心掙扎下信主。及後在他們鼓勵下重讀中學，並考進了當時一所私立大專進修新聞系。在學的第二年，由於半工讀的緣故，一位在新聞界就業的師兄介紹我進入《華僑日報》當記者，開始了我的爬格子生涯。

在我進入記者生涯的第三年，我為了追求麗然，於是工餘時常找藉口和她一起。那時她在太子道一所天主教學校任教，是個熱心的基督徒，放學後還要辦學生團契，因為學校的宗教背景關係，所以要另覓地方聚會，我為了投其所好，於是隨口應允幫忙。正好在轉彎的伯爵街街口發現了一家學生閱覽室，看來是有心的基督徒在服事附近的學生，於是冒昧求見。當時接見的李兆匡弟兄很熱情地談起學生的福音工作，就是在上帝奇妙的帶領下，埋下了我在基道事奉的伏線，沒想到李兆匡後來更當了基道的董事二十多年，到現在仍亦師亦友。

當時的閱覽室創辦人是王明理先生，該閱覽室後取名「樂歌（Logos）學生天地」，即後來基道（Logos）書樓的前身，初期我幫忙樂歌的一些窗櫥設計工作。直至有一天，

王先生拿著一份稿件來，請我幫忙排版及設計。我説我是記者，交稿就完事，不懂出版的事務；但在他多番鼓勵下，我勉為其難替他完成了該書。原來該書是由美國活泉出版社一位長者柯聯基先生所負責，他希望將該書付梓。這是活泉的第一本書，名為《默想聖經人物》，至今有售。

這兩位長者在上帝的話語上有很深的領受，希望藉文字服事教會，多次勸勉我放下記者現職，投身事奉。對於我這個胸無大志、流離浪蕩的人，真是一個很大的挑戰。經過多次禱告，並在麗然的支持下，我終於在一九八一年開始全身投入基道的工作，翌年與麗然結成夫婦。

一切從一枝筆說起

第一天返到當時的臨時辦公室，那時基道還未正式註冊，我在空白的案頭前拿起筆來，寫了一些我需要的設備清單，心裏一片茫然，應該從哪裏開始？一家機構的起始，好歹應該有一個Logo（商標）吧？左畫右畫出了一些草圖，經過反覆修改，雖然不甚滿意，終於成為基道書樓的原始標誌。由此展開基道的服事工作。

我在基道初期的職責主要以出版及美術設計為主，對於一個只受過兩年夜間美術設計訓練的我來說，這是一個頗為沉重的挑戰。在我答允加入基道前，我曾和上帝協議，如果我要放下記者的工作而從事美術設計，我一定要當一個專業的設計師，於是我向上帝說，除非我有能力勝任，否則我不會投身設計行業。如何證明我有能力？於是我找了一些公開的設計比賽來參加，終於拿了兩個獎項，看來上帝是抓著我不放手。

但開始工作時，仍然感到吃力，於是我考進了當時的理工學院進修夜間設計課程，希望改進我的技巧。由於功課繁重，有時要通宵達旦地工作，我索性搬入基道的客房住宿。曾發生一、兩次的笑話，就是我穿了短褲赤膊睡在辦公室桌上，到第二天同工上班我還未起牀，場面尷尬非常。雖然工作及學習還未穩定，但我的感情生活卻趨成熟。雖然物質仍然缺乏，但在上帝的恩典豐富預備下，我和麗然在我進入基道的第二年共訂婚盟。

時光荏苒，人事多番變遷。我在基道過了十多年，由書室配合設計製作的服事轉型至有基道自己的出版特色。一九九二年，由於基道一直未能物色合適的主管同工，在蜀中無大將的情況下，我由出版部的工作轉而當上了基道的總經理（後稱社長）。我原是不配，但上帝用了我這個卑微的人在祂手所作的工上。

說自己的故事

最近讀了一本書，作者說讀者們一般都很喜歡閱讀別人的故事，這些故事記載生命中很多意想不到的事件。那些充滿破碎、哀傷、挫敗、殘酷的情節，我們會感動落淚，但究竟有多少人會相信或接受這些事實會發生在自己身上。

我和麗然於一九八二年結婚，共同面對過很多生命裏的風霜雨雪，多少歷練和眼淚都一一經過，但沒想過要有這樣的一個經歷。今天亦沒有想過我還有生命氣息分享我們的故事。

二○○七年的某天，我剛從馬來西亞公幹回來，接著又出差去了北京，沿途都有點不適，經常咳嗽不止，回港後就醫時，發現肺部有陰影，經多次檢查，初時以為只是普通的肺炎，嚴重的可能是肺癆，沒想過醫生最後把我的病確診為肺癌。

那次在醫務所聞訊後，心沉了下來，壓得很重很重。我問醫生病情有多嚴重，他說要接受多一次全身電子掃描，以了解做手術的可行性，最壞打算可能只有三個月的壽命。離開醫務所後，腦裏甚是混亂，我不是在做夢吧？這三個月我應該做些甚麼？我怎樣告訴麗然？……我向上帝說：「祢說祢是信實的，必不叫我們受試探過於所能受的，我今次能受得了嗎？求祢憐憫。」途中，我致電太太麗然，我只說肺部發現了腫瘤，情況不大好，沒有告訴她只有三個月壽命的事。那天我如常回辦公室開編輯會，接著兩天如常出席了一個安息禮拜及一個婚禮……

麗然很堅強，我印象中她沒有為此事在我面前哭過，或表現憂心，只是有兩、三次被好友查詢時被弄哭。她很積極地去搜集癌症的資料及安排所有療程。後來，我完成了手術、化療和電療，中間曾經復發及癌細胞擴散，現在病情受到控制，可以恢復有限度的工作。麗然守住她在婚約中照顧我的承諾，使我們在艱難的日子中享受到上帝賜下的無比福樂。

誠然，就像我在文首提過的書本曾這樣說：「如果我們以為能逃避生命中的苦難，我們的生命會變得空洞，更重要的是在當中重新找到上帝；只有主耶穌才真實地在我們的苦難中存在。」

長路漫漫是如何走過？——
女兒小寶的生命札記

生命奇妙之處，就在於我們經歷的人和事，都會在生命中留下不能磨滅的痕迹。

爸爸患病至二〇一〇年，再次發現新腫瘤並有擴散迹象，化療刻不容緩。經醫生建議，須接受六個療程的化療，為期四個月。眼見前面是滿有荊棘的路，你會敢於赤著身子走過嗎？敢於走過又是為了甚麼？背後有甚麼推動力？一百二十二天，爸爸如何赤著身子走這荊棘路？女兒希望將所見所感記下，鼓勵人鼓勵自己。

二〇一〇年十二月二十一日，爸爸開始踏上歷時一百二十二天的旅程。心情是忐忑、不安、恐懼的。第一針的療程，因為不適應突如其來的高劑量藥物，引起嚴重不適反應，頭暈、嘔吐、厭食⋯⋯聖誕節也在休養中度過，「平安」不過。記得聖誕節當天，梅子排骨、炝菜就是我們一家的聖誕大餐，但爸爸吃的也不多。經過這段初期適應藥物反應的日子，我們就這樣挨過了為期三星期的第一針療程！

二○一一年一月十一日，第二針的療程。針藥勉強適應了，但另一個難題來了——肺積水。其實肺水的積存早已出現，積水一直令爸爸常常咳嗽、呼吸不好、睡不好。經主診醫生建議，爸爸要住院一星期，接受黏肺膜的手術。手術過程中，怕痛的爸爸第一次被像指揮棒般粗大的棒貫穿胸骨，痛苦的叫聲直入心扉，令人心都冷了。幸好手術順利，出院後又接著進行化療。雖然爸爸的體重日漸下降，且又出現呼吸困難、藥物反應的交替情況，但蔡爸爸總算挨得過了！

二○一一年二月一日，爸爸要在農曆新年期間進行第三針的療程，這段時間特別難過。肺膜是黏了，但肺水問題仍未解決。手術後不足兩星期，又因為肺水滿了，要到醫院抽肺水。因為上次手術的關係，抽水的難度提高了，要接受管道穿插胸骨的痛苦過程，一住又是幾天。出院後又要繼續接受化療，如是者這個月份，我們不斷地在醫院、診所進進出出，爸爸媽媽都累了，但在愛的支持下，我們都挨過了！

二○一一年二月二十二日，第四針，開始進入完成療程的一半路程，前路愈來愈難走，又是考驗信心的時候。如之前提過，肺水一直是療程中一個很困擾的難題，化療與入院抽水的日程每星期互相交替，令人心力交瘁，精神上更是一大折磨。病人要承受多次的痛楚煎熬，作為家人，光看著心愛的人受苦，所受的痛苦不比病人本身少。不過雖然有心痛的眼淚，但痛苦過後能再見爸爸媽媽的笑臉，心痛已不是一回事了。

在這茫無頭緒的時候，感謝上帝開了一條路給爸爸，嚴醫生的出現令大家同時經歷了希望和失望的時刻。嚴醫生是由主診化療的張醫生介紹的，希望有助爸爸解決肺積水帶來的呼吸問題。嚴醫生建議爸爸在肺氣管放一個支架，以張開氣管，解決呼吸問題。嚴醫生在手術前給予我們前所未有的期望及信心，大家都放鬆起來了。花了幾天時間，接受了內視鏡檢查、輸血、種豆等的煎熬，心想爸爸受的苦也應該夠了吧。怎料手術當天醫生從手術室出來，帶給我們的信息卻是：「很抱歉，我已盡力放支架，可惜因為腫瘤不是預期般的小，我實在做不了。」看到爸爸在麻醉藥力過後才剛醒的樣子，實在不忍心告訴他。感恩地，爸爸還是樂觀地接受了這事。見爸爸雖有失落但樂觀面對，實感到爸爸的勇敢。過了一星期，嚴醫生又建議爸爸做一個肺水喉管植入手術，可讓爸爸自行抽肺水。有了上次的經驗，大家對今次的手術顯得有點保守，未抱很大的期望。幸好，手術很成功，嚴醫生說爸爸以後可以用一個名叫「菠蘿仔」的儀器自行抽水。在灰心、期望、失望、再振作的狀態下，感謝上帝，第四針療程是在這樣的艱難中度過！

二〇一一年三月十五日，已是第四個月了，進入第五針的療程。現在說回來這段時間好像白駒過隙，但當面對著痛苦時，時間卻是慢得很。有了「菠蘿仔」，肺水的問題舒緩了不少，怎料又有新的難題。因為爸爸咳嗽時發現咳出異常的液體，經嚴醫生的診斷，有「穿肺」的可能，認為情況緊急要即時入院作詳細檢查。剛過了不適的兩個星期，接著又要入院檢查，又是輸血、種豆、全身麻醉檢查，看見爸爸坐在輪椅上已是疲弱不堪……這已是兩個月內第四次入院了。人真是很軟弱，在一波未平一波又起的境況下，即使是基督徒也會有灰心、失落的時候。就這樣，一進院又是住了四五天，幸好只是檢查，對爸爸來說不算太辛苦，感恩的是檢查結果良好，證實只是虛驚一場。住院五天，雖承受不見天日的苦，總比「穿肺」引致更大的威脅好。有驚無險，第五週，終於熬過了！

二〇一一年四月七日，是最後一個療程，荊棘已令爸爸媽媽體無完膚，幸好還有一口氣可走下去。肺水問題舒緩了不少，不用再進出醫院，只剩嚴重的頭暈、嘔吐。不過來到這裏，更壞的情況都經歷過，頭暈、嘔吐……都已沒甚麼可怕了。直至四月二十一日，一家人縱然只剩下損壞的軀殼，但仍能深呼吸一口氣，牽著手，跑畢最後一段荊棘路，走到這場賽事的終點。這場設於荊棘滿佈路上的賽事，我們真的經過了！

一百二十二天，經歷有笑有淚的每一天，這些點滴都教人刻骨銘心，足夠寫成一個故事鼓勵人。

誰說基督徒不可以有痛苦、眼淚、失望、迷茫的時候。就是因為經歷了苦難，才會經歷上帝的同在。上帝的作工，人是往往猜不透的，祂總在你猜不到的時候，給你愛、安慰、平安、希望、信心……這幾個月經歷的人和事，想起來都有著上帝奇妙的安排，專業的醫護、療程的安排、親友的慰問、金錢的供應……都是不缺乏的。在這段路程，不少微妙的關係亦因此建立，知道了愛與被愛的感覺。一路走到今天，身心都累了，只想坐下一起回望，失去的或許都是物質的東西、肉體上的損壞，但得到的卻是你手觸不到，如此實在，又能感覺到的東西——愛。

小寶（韋健欣）是我太太麗然任教中學時的學生，「小寶」是她的暱稱，我們已相識十年。當我發病的那年，她剛好考入樹仁大學新聞系，並於二〇一一年畢業。這幾年她一直陪伴著我家，每天都會致電問安，只要她一有空就會上我家幫助麗然照顧我，幾乎每次都陪我去覆診。我們日漸培養了像親生父女的關係，小寶在二〇〇八年也受浸了。在我家來說，她是天父賜給我們的小寶貝，也是我們在屬靈上的真女兒。

1 與太太麗然合照
2 二〇一一年金書獎獲頒「出版人獎」
3 與基道同工於辦公室合照
4 與太太和王明理先生合照

事奉要盡心盡性，玩樂要盡情盡興！

04

Life as a Journey

不堪如我

徐玉琼

方舟之家主任牧師

畢業於播道神學院，後受聘於沙田宣道會作傳道同工，於一九九九年被宣道會按立為牧師。現為方舟之家主任牧師，主要服事傷健人士，使他們以「方舟之家」為屬靈的家，並融入社羣，體驗施比受更為有福。

本來是如花少艾的姿采人生，
卻是那麼的苦澀灰暗；
求死不得，
原來是我生命的歷練。

有父母的孤女

「我懷疑你不是我親生的！」

自我懂事開始，媽媽重複多次這句話。有時更鉅細無遺地說：「生你那時，產房還有一位富家艇戶，正痛得死去活來，你出生了。我立刻問姑娘：『是仔還是女？』『問甚麼？累啦！遲些告訴你！』我就真的昏睡了。及後，那姑娘抱你來說：『女呀！看清楚！』又聽到隔鄰的那女人是生了個男的，哼！我就懷疑姑娘受賄賂，暗中將我的男對調了她的女。」媽說時仍心心不忿。她還會加插一句「你呀！賤命呀！若不乖，就不要你。」童年的我每聽一次，心裏便驚怕一次。

「你這懶瞓豬，連火燭也吵不醒你，我拖緊你兩個妹妹，你媽腹大便便挽著細軟，逃命要緊，顧不得你……」爸爸繪形繪聲的講述我九歲那年的一場「火海逃生記」。爸愈說得精彩，我稚嫩的心靈就愈悽愴：「為甚麼爸媽都不理我生死？」

從此，我活在誠惶誠恐中，小小年紀已經聽教聽話——燒飯劈柴、照顧弟妹、料理家務，全都頭頭是道，街坊鄰里無不讚我乖、讚我本事。這一切的背後，其實是害怕父母不要我。

貧賤夫妻百事哀，父親好賭，母親氣惱，食指繁多，他倆三日一小吵，五日一大鬧的場面，為我帶來許多陰影和傷害。

無數個晚上，我躲在被內偷偷啜泣，感懷身世。自此我養成了一個習慣，就是愛看報章上的「尋人啟事」，希望有一天找到我的「親生父母」。及至六弟出生，他的樣貌與我極相似，我的心結才得以解開。

我，就是在這樣一個缺乏父母肯定和關愛中度過了淒苦不安的童年。

十一歲那年，在上聖經課堂時，老師只是按課本誦讀出耶穌愛我們，為我們死……我就已是十分感動了，在座位上悄悄掉淚兒。啊！原來我是有上帝愛的。我就信了耶穌。

沒想到日後的我，竟成為牧養傷殘人士的牧師。

自殺不遂的少女

十四歲小學畢業後，我便接著上社會大學了。玩具廠、製衣廠是我的職場，過著朝九晚九的「非人生活」。當時經常要借用人家的身分證，一時姓伍、一時姓陸，遇到有勞工署巡查，一眾童工立刻成了「快閃黨」，有躲在大紙箱內，有走上天台去。

媽媽為使我看來老成一點，逼十五、六歲的我穿上她中式斜襟或她年紀的衣衫、頭上挽隻髻子，難看死了。我千萬個不情不願，求媽媽不要這樣，可是永遠失敗。我成了工廠中一個被揶揄的怪人，自卑、羞怯，但內在潛藏著無比的憤怒和反叛。

十七歲患了腳氣病，是營養不良引致的水腫病。我記得

醫生怪責媽媽：「為甚麼她會營養不良！」當時的工廠妹都是帶飯上班的，媽迷戀四方城，無心家事，每餐都是最簡便的午餐肉、鹹蛋、臘腸，我連續三年早晚都吃這些飯餸，發覺身體非常疲倦……在中、西醫醫治下達半年才見好轉。自此，我的身體（尤以腎臟）變差了。

家住橫頭磡徙置區，一家九口擠在二百呎的單位內，想靜，不能；想哭，也不能！惟有寫日記以泄心中鬱悶與哀愁（也造就了我日後寫作的恩典）。

爸媽關係一直不好，經常發難。如一隻咆哮的獅子、擅用語言暴力的爸令我心靈重創。對爸，我既怕又恨，水火不容。

身心靈都病了！支持不了！輕生的念頭愈來愈強烈。

一次心灰意冷，想縱身由住處跳下，但不知哪裏來的叫喚：「五樓跳下，若不死變了殘廢，豈不更被父親鄙棄，你的弟妹也沒人供書教學呀！」拭一拭淚，咬一咬牙，惟有勇敢活下去。

一次，將自己反鎖在浴室內（我已用日曆紙寫了遺書放在抽屜），然後將頭重重的撞向牆，以為必頭破血流昏死去，誰料額頭只「起」了一座「高樓」。這兩次自殺事件，藏在心深處，沒有人知曉。

本來是如花少艾的姿采人生，卻是那麼的苦澀灰暗；求死不得，原來是我生命的歷練。如今，上帝不單使用我站在講壇傳主道，更藉我代表祂撫慰身心受傷受苦的心靈——因為，我曾經苦過。

被拒門外的神學生

十一歲，我因得知耶穌愛我就信了主；十二歲，我竟渴望做傳道人；十四歲，我小學畢業，在玩具廠當童工；還以為一生一世在新蒲崗工廠區終老的我，竟在十九歲之齡再作學子，日工夜讀的完成了中學。

欣賞我們這五、六十年代出生的人，總有一股傻勁和拚勁，不畏苦，不怕難！有書讀就會珍惜！儘管在課堂上有許多「釣魚郎」，這也難怪，日間已經工作了一整天，晚上仍要上課四小時，好要命！回想那五年，不知是怎樣度過的。

一九七六年「第一屆華人福音會議」（簡稱華福會）在九龍城浸信會舉行，連續幾晚的培靈會我都有參加，且在上帝的召喚下，決志作傳道人。我流著淚告訴陪談的牧者，自己家境不好，學歷只得中三程度，沒資格唸神學，不可能成為傳道人。那位牧者如天父的代言人，說出安慰的話：「徐姊妹，上帝自有祂的方法和時間，你得要好好的完成學業呀！」

會考後，我立刻辭職，報讀建道神學院和播道神學院（我的性格就是那麼決斷）。媽知道後不得了！她使出軟硬兼施，不擇手段之法去阻止（當時她不單不信主，且對基督教十分反感）。

「你也二十四歲了，不如找個歸宿，唸甚麼鬼神學，做甚麼修女（她誤以為我當修女）？若不然，媽不用你給家用，儲蓄買樓，給自己養老！」媽媽為我想得好周到、好長遠。

「你若不聽話（我由小至大，都十分聽話），我就找人放火燒教會，並XX你牧師（黑社會用語），更不許你弟妹去教會……」媽語出驚人的恐嚇，我苦無辯解之力。

結果，兩間神學院都因我學歷未達標而把我拒諸門外，媽心安了。

那年是一九七八年，我又一次陷在自卑自憐的苦境裏。父母不明白我，也不愛錫我，現在連天父也嫌棄我；對上帝失望了兩星期。是的，兩星期！

及後，向上帝求饒恕：「我願意順服和尊重祢，或許祢要我帶職事奉吧！不打緊，唸神學夜校又何妨？最重要是好好裝備為祢用。」那年，我在播道神學院進修夜間神學課程。

一九七九年，上帝領我過關斬將似的，播道神學院收錄我做試讀生，意思是若第一年不及格，便須自行退學。

上帝，祢總沒忘記這個小女孩的心願。

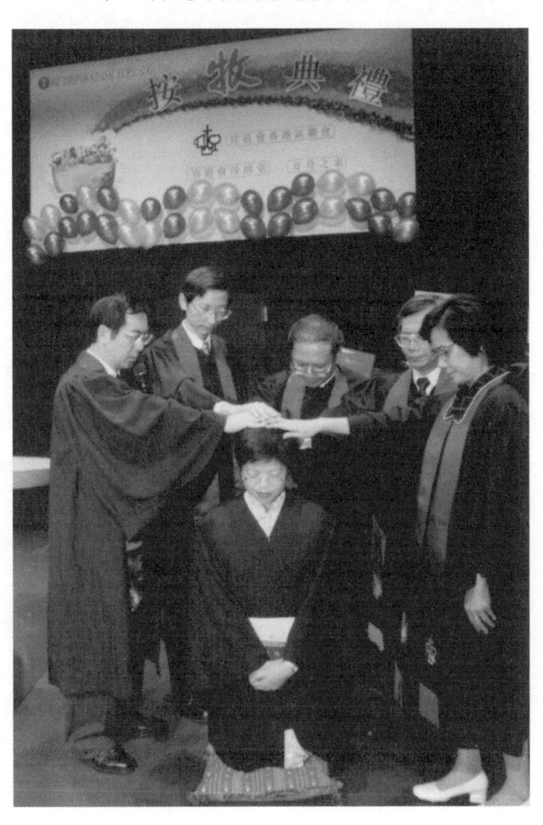

為父母洗禮的牧師

唸神學的第一年，常常做著同一個惡夢。夢見自己被院長趕出校園，淒冷的夜，長長的身影在街燈下踽踽獨行……

天父可憐我，四年的神學裝備在無數艱難中完成。一九八三年，被宣道會沙田堂（下稱沙宣）聘任為女傳道。霎眼間，已經接近三十個年頭。

這年間，神蹟不斷；上帝藉教會醫治我的創傷。

沙宣的同工及弟兄姊妹，知道我成長於逆境，都十分接納和善待我。

上帝也賜下很多人間天使，使我生命得著祝福與建立：蔡元雲醫生伉儷，亦師亦友，亦父母亦兄姊。在事奉初期，每當講道後他倆必約我午膳，在席間先讚賞我講道有甚麼

好，然後輕言軟語提點我要注意及改善的地方，不是一次，是經常。李思敬博士伉儷、孫國鈞牧師伉儷、陳劍光牧師伉儷、王永信師母、詹維明姊妹……我深深感激他們對我的關愛和輔導。

自幼懼父怕母，如奴如婢，上帝藉上述天使助我重建健康的自我形象，我學懂有智慧和勇氣去愛我的雙親。奈何他們心硬如鋼，對福音抗拒。

「當信主耶穌，你和你一家都必得救。」我把持這個應許，為父母信主祈禱近三十年。

二○○一年，這應許成全了。先是老媽，她久病纏繞十多年，後期更癱瘓臥牀，高峯期有兩年要兩位菲傭日夜服事。農曆年初五（主日），我與么妹正在安慰整日驚恐無眠的媽，她靈魂甦醒，當夜決志信耶穌，並於年初七，在小小的居停內，擠滿了二十多人：丈夫、子女、兒孫、女婿，教會同道，見證我以牧師身分為她洗禮。

二〇〇三年，沙士令全香港儼如一座死城，我的家就如地獄般。媽病得更重；照顧她的一位菲傭七月證實患乳癌，手術後開始化療；老爸初以為老人關節肋骨痛，到十月確診為肺癌末期，如此的一門三「杰」，全家忙於應對，箇中苦處，筆墨難書。

同年十二月二十日，爸不適入了醫院，十二月二十二日，他主動對妹妹說：「叫你的姊姊為我安排洗禮。莫遲！」十二月二十四日，蔡元雲夫婦、孫國鈞夫婦，一眾親友戴著口罩，在伊利沙伯醫院的狹小二人病房內，見證了我親自為父親洗禮。十二月三十日，爸爸安然去世。

母親在二〇〇四年九月，也釋了病苦，與父在天家共享永福。

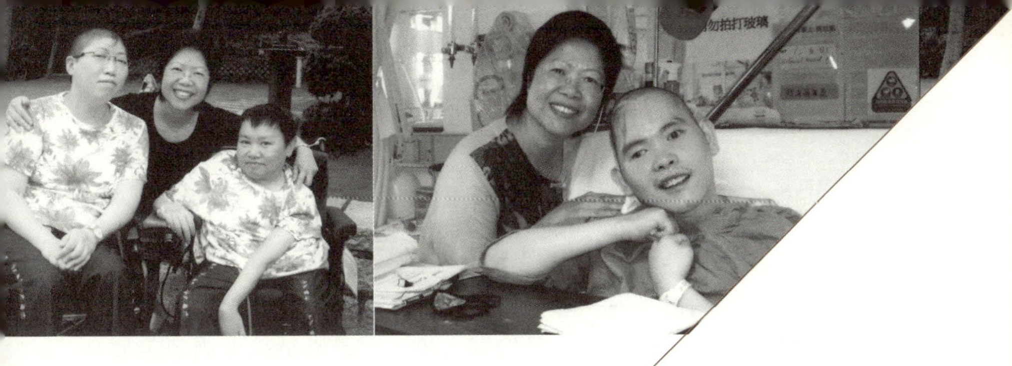

方舟的未婚媽媽

走過雨洗風磨的日子，練就一身「好武功」——生命力、承擔力、應變力、毅力……因此二十五年來，上帝委派我有三次開荒的恩典——宣道會沙田堂、沙角堂、方舟之家（下稱方舟）。

由驚怯自卑的小小女傳道，到勇敢牧養傷健羣體的主任牧師，改變之大，連自己也驚歎上帝在我生命中的奇妙作為。

過了半百之年，隨歲月增添人間與屬天的智慧。感恩仍是單身階段，可以專心一意服事主的羊。

潛藏生命裏澎湃的母親情懷，在方舟內發揮得淋漓盡致。羊兒視我如母如姊如友，對我傾心傾情傾愛。我視羊兒為一家人，走在街上，一見攤檔、店鋪，就會想起羊兒的需要，買下吃的穿的；羊兒湯水少，就煮一鍋給他們。羊兒有病入院，巴不得第一時間去探望；當羊兒被罪惡所困、被病苦折騰、被不公對待，我就向上帝哀哀哭訴，心疼羊兒苦；當羊兒生命成長，愛慕聖言，勇於見證，樂於敬拜時，我就無比欣慰快樂。

方舟小女孩希希向人說出窩心話：「逢星期天我就姓徐啦！因為我是徐徐（暱稱）的囡囡 。」因她只有主日才見到我。我樂透了！甜透了！

回望，我曾是缺乏父母愛惜和肯定、心靈孤苦的小女孩；厭世而自殺不遂、苟且偷生的少女；學歷不足、遭神學院拒收的失敗者；糾纏在父母恩怨愛恨中的女兒，上帝竟讓我成為幫助他們決志和洗禮的牧師。無夫無子，卻在方舟內成為多子的樂母。

神蹟！是的，因著上帝的大愛，生命充滿神蹟！

「他從灰塵裏擡舉貧寒人，從糞堆中提拔窮乏人，使他們與王子同坐，就是與本國的王子同坐。他使不能生育的婦人安居家中，為多子的樂母。你們要讚美耶和華！」（詩一一三7～9）

不可思議的洗禮事件

唐鳳——七十六歲，際遇坎坷，纏繞病榻多年，生命灰暗，心靈苦澀。子女、女婿及孫兒均信奉基督。他們敬她、愛她、疼她，奈何無法令她歡顏。不斷向她傳福音，希望她信主，卻失望千回。

農曆年初五，她的長女與么女服事在側，她整夜叫嚷不寐，一會嚷著要入院，一會說頭痛欲裂，一會大叫有鬼；時而清醒，時而迷糊，家人也被弄得筋疲力竭，一夜無眠。

長女不斷安慰及勸說：「媽，快信耶穌，只有祂才能救你！」連續三個多小時，一場屬靈爭戰，與惡魔搶奪靈魂。

突然，一切峯迴路轉……

她忽然靈魂甦醒：「我想說的偏不說，不應說的卻出了口；想做的不能做，不該做的卻做了。」

長女於是把握機會，立刻回應：「是啊！因為你被魔鬼轄制，身不由己，不信耶穌，誰也救不到你。」

「我信耶穌！」於是她誠心且認真地跟長女一句一句地決志。么女在旁涕淚漣漣，不敢相信是事實。

兩天後，唐鳳家中，聚滿二十多人，都是她的至親，一同見證她的洗禮。她的丈夫親自拆偶像，丟掉神枱。她的五名孫兒獻唱《奇異恩典》。她的子女早已感動得泣不成聲。

至今，她天天全心禱告、交託、感謝。身體雖是衰殘軟弱，但內心卻一天新似一天。

長女為她決志，為她洗禮，繼續栽培。

這位有福的長女——竟是我！

（轉載自《突破人》2001年4月第145期）

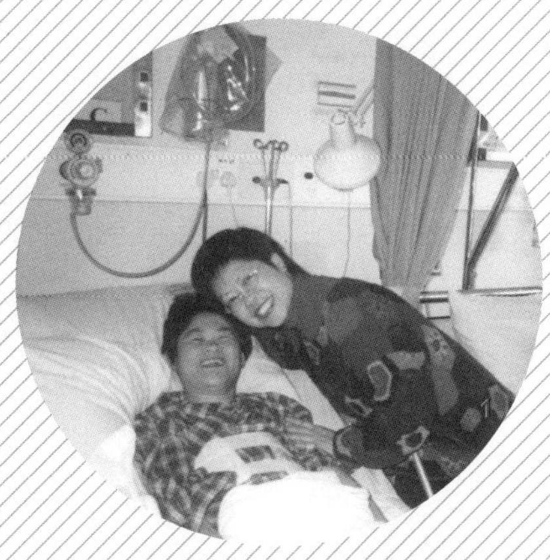

1 探望傷羊
2 母親安息禮拜
3 帶傷羊探望母親
4 我與老爸好親和

要把握每個機會，祝福身邊的人，因為明天必然會來，但明天卻未必有我！

05 Life as a Journey

作自己人生劇本的女主角

杜婉霞

好好戀愛學堂堂主任

輔導學碩士、二〇〇六年創辦「好好戀愛學堂」，致力推廣婚前及婚姻教育；現為《味道》、《新報》基督教版等輔導專欄執筆。曾為新城電台、港台的「好好戀愛」環節擔任嘉賓主持，經常接受本港及海外媒體訪問，並於香港及美、加等地主領家庭生活教育工作坊及單身人士成長課程。

著作有《戀愛幸福學》、《好好戀愛》、創作歌曲《一生一世》、《荒誕情感世界教材套》、《想飛傳播之好好戀愛》mp3及《好好戀愛之夫妻靈魂體》CD。

原來女孩子是上帝的傑作，
與男孩子同樣尊貴，
被造也有她獨特的使命。

人在家庭

自我懂事以來，我都是過著不愁衣食的生活。先父是個白手興家的殷實商人：勤奮果敢，精明能幹。他在六十年代以生產塑膠花起家，七十年代已往返內地，在東莞自設廠房、生產線及員工宿舍。他小學還未畢業，卻能為不同品牌生產精品，還擁有多個美國品牌的生意訂單，包括 McDonald's、Burger King、Hallmark 等。媽常說爸很本事，養活千個家庭！他對員工好得有如子侄，遇有員工患病，他會出錢出力出醫藥費。由於他學歷不高，因此他很在意我們五姊弟都要讀大學。身為長女的我，自小已被父親攜同出來應酬外國商家，小學三、四年級已操得一口流利英語。

回想起來，那時真是生活無憂，家中有傭人有司機，

又不用做家務，還有很多令人羨慕的條件，真活像個小公主……可是，這個小公主並不快樂！

在我眼中，父親曾是個了不起的英雄，可惜這位英雄常常不在家。他給我的印象是忙碌、權威和富有。我上學時他仍在睡覺；我睡覺時他還未回來。他出入有司機接送、嘗盡佳餚美食，馬會會所、雅容餐廳等都是我們常到的地方。

但父親在我成長中總是缺席。不論校際音樂比賽或是校內話劇比賽，每次在台上表演或領獎時，台下總是欠了他的影子。即使在家中見到他時，在他的臉上總是找不著親切的笑容。他的威嚴也使我從心底裏害怕他。

父母都是思想較傳統的人；在這家庭裏成長，其中一樣

影響我至深的是爸與媽的關係——爸在高處指令，媽在低位順從。這種男尊女卑的觀念，令我感到女性不被重視，不被肯定，對自己的女性身分充滿疑惑和焦慮，為了逃離現實角色的矛盾與不安，我常常活在自己的世界裏，最後這份想逃跑的感覺成為一股動力，驅使我在舞台上尋回失落了的肯定和滿足，好使我忘卻現實中不快樂的自己。在學校，幾乎任何大小表演比賽都有我的份兒，默默為自己夢想的藝術事業鋪路。

身在美國

由於父親一向很在意我們的學業，因此當我十六歲剛讀完中四時，就被安排到美國羅省讀書；一個人挽著兩個行李，直飛美國，度過最寶貴的青春期。

自小獨立，又在基督教聖士提反女校就讀，由小學到中學都以英文為主，在美國被安排到私立的天主教修女學校升學，倒不是太難適應。宿舍的生活很有規律，且結識了來自亞洲不同地區的同學，普通話也是那時候操練得來的。身為中國人，覺得不能不懂中文，就訂閱了《突破》雜誌，接觸中文之餘也被當中的基督教信仰所影響。

那時，每當有人問我是否基督徒，我必定答「是」，因為我覺得這會使別人覺得我乖巧一點，但其實我還未明白甚麼是「信耶穌」。至於在週末或長假期時，每當同學都回家去，獨個兒留下的我總是感到有點寂寞，於是便參加了很多義工服務，還代表學校獲取獎項，深得修女們愛錫。由於當年流行早婚，「神聖的婚姻」是中學畢業前的必修課，也因而讓我第一次知道婚姻原來是大有學問的。

第一次拍拖是在大學三年級，對方是父親友人的兒子，又是當地著名學府的醫科生。因為他媽媽不想兒子結交外籍女孩子，就在兒子二十一歲生日時，為他舉辦了一個神祕派對，並邀請了她所認識的中國籍女孩子；當晚我也是其中一個被邀請的女孩子，更被安排坐在這位二十一歲的主角身邊；他俊朗幽默又有風度，我對他留下好感，當下，我的心已被俘虜了！

往後我們也有交往，每次他駕車到學校接我，約會完便會送我回去；我的學校位於羅省馬利布（Malibu），名符其實背山面海，不論駕車時迎著海風，或是在海邊漫步，浪漫的氣氛總叫人迷醉；更恨不得把時光停留在那刻……

我想我們戀愛了！每當他帶我到荷李活看電影、吃晚飯、送我回宿舍、每一次拖著我的手、每一次擁吻……都使我心跳！這就是我的初戀！拍拖期間，由於我計劃畢業後回港發展電影事業，於是我們相約彼此等候兩年，待他在美國實習期滿後再回去與他結婚。可惜不到一年，他來信說已另結新歡。這次打擊，使我開始了一段又一段的痛心戀事！

情困娛樂圈

在美國學成回港後，我有段時期是在電影圈當製片和副導演。一天晚上拍畢通宵戲回家，便收到美國男友另結新歡的消息，傷心之餘，總覺得「你唔愛我，還有大把人愛我！」就是這樣，開始了我尋尋覓覓、追追逐逐的戀愛故事。當年恃著有點青春，又有點學識，感到要拍拖，又有何難？

娛樂圈有其獨特性，一部戲拍三、四個月，一班人日日相對著，一起捱凍、捱餓、捱鬧！感情不知不覺好像很深，但其實又不是真的很認識。總之……在不適當的時候遇上個好男人，好男人在不適當的時間溜走了；未幾又來了個不是很好的男人，彼此折磨了一段時間，那個不好的男人被我一手推開了！單戀、苦戀、畸戀……當時我的戀愛生活簡直一團糟！

就在那時候，感情事業皆失意：失去了人生目標、方向和意義。後來遇上關心我的藝人朋友帶我返藝人之家，我就在那裏決志信耶穌。得到藝人之家解英崗牧師的牧養，並當年港福堂何志滌牧師的輔導（即今日播道會同福堂堂主任），我痛定思痛，決定停下來檢視自己，還過了四年沒有拍拖的日子，直至遇上外子孝國。

透過輔導和牧養，糾正了我很多被扭曲的男女觀念：原來女孩子是上帝的傑作，與男孩子同樣尊貴，被造也有她獨特的使命。這些寶貴的經驗啓發我再進修輔導，靠著上帝的恩典與輔導的專業，扶助別人走過段段崎嶇的情路。相信惟有這樣，我的眼淚才不至白流，過往經歷才不至枉費。

終極出路

與外子孝國由相識到結婚，都充滿著恩典與祝福。感謝當年何志滌牧師給我們做了一個整全完備的婚前輔導，為我們的婚姻打穩基礎；扶助他人「拍好拖、結好婚」，也成為我們的使命。

孝國和我在當年的「香港業餘填詞人協會」認識（如今已改名為「香港音樂創作人協會」），他喜歡寫歌，我喜歡填詞，當時他是會長，就在一九九四年的會員週年大會——我們遇上了！相識短短三個月，他第一次講「我愛你」，我說「是嗎？講了就要負責！」於是我們計劃翌年的復活節結婚。選擇在復活節結婚，是因為我相信在我們愛得疲累軟弱時，上帝復活的大能會再次加能賜力，使我們悄然溜走的愛火又再被燃亮起來。

孝國的愛情路很清澈，人生第一次拍拖的人就是我了，但我當時已是滿身傷痕。他是地道的香港仔，我則在美國長大。我們的外表、性格、喜好，也有千百樣不同，但我們卻有著同一信念：就是靠著上帝的大能，必定可以拍好拖、結好婚，直到一生一世。

一九九五年的復活節，我們結婚了。與此同時，我也成了孝國在中華基督教會望覺堂服事的少年團契導師，及後在崇拜中與敬拜隊的事奉更是合作無間，且建立了深厚的感情和默契。這班弟兄姊妹，也成為「好好戀愛學堂」的強勁義工班底。

團契一位失戀姊妹所寫的歌《好好戀愛》，安慰了不少在情路上受傷的男女，更燃起我推動「好好戀愛運動」的夢想。二○○六年，正值我和孝國結婚十一週年，得到不少好友鼎力相助，將意念製作成書及CD發售，並將所有收入撥作推動這運動之用。同年，「好好戀愛學堂」成立，以非牟利機構方式營運，提供戀愛教育及輔導服務。

雖然沒有雄厚的資金，但秉承先父厚待員工的優良傳統，我們對義工所表達的情義與關懷絕不手軟。每年除了年夜飯、壓歲錢及學習資助外，也有「食得好、住得豪」的退修會來報答每位義工無私的擺上。願我們的熱誠也燃亮你為愛拚搏的心。

今日我很享受人生的每個角色：我是我媽的女兒、家中的大姊、老爺奶奶的媳婦、孝國的妻子、藝人之家的家人、中華基督教會望覺堂的會友、敬拜隊的隊員、屈偉豪博士的學生、好好戀愛學堂的堂主任……我不必逃到舞台去忘記真實的自己；靠著上帝給我的機遇與陶造，我可以改寫人生劇本，演活自己生命中的女主角！

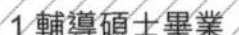

1 輔導碩士畢業
2 畢業與恩師屈偉豪博士合照
3 學堂退修會
4 學堂獻堂禮

耶穌又對眾人說：「若有人要跟從我，就當捨己，天天背起他的十字架來跟從我。因為，凡要救自己生命的，必喪掉生命；凡為我喪掉生命的，必救了生命。人若賺得全世界，卻喪了自己，賠上自己，有甚麼益處呢？」（路九23～25）

06

Life as a Journey

遠去、回來——只為服事

陳念聰

施達基金會總幹事

畢業於香港大學醫學院，為眼科專科醫生。毅然放棄香港穩定的生活，到阿富汗協助發展當地的眼科醫療，訓練當地的醫護人員，改善落後地區醫療問題。回港後擔任施達基金會總幹事，為貧窮人倡公義，議不平，回應上帝對公義與憐憫的要求，推動世界改變。

原來人生短暫，
活在極權或動盪國家中的人，
到處皆是，
像香港人能享安逸的只是少數。
死亡可隨時來臨，
也不用驚奇……

一毫升眼淚

二〇〇九年是我三十歲的「壽辰」，是生命重生了三十年！

一九七八年十一月四日，我參加了一個球場佈道會，題目是「來來來」。外籍講員是誰？他當晚講了些甚麼？我全都沒有印象。只記得我旁邊的小孩非常嘈吵，又覺得詩班像是啦啦隊表演般。當講員呼召的時候，我也只是坐著觀看。差不多所有要決志的人都下到草地了，突然心裏有兩句說話：「耶穌的死是真的！」、「耶穌的死是為我的！」我立時眼淚直流，還急步衝下去：「等埋我！」

我的理性很強，書本已看了不少，就是未有感受。面對家庭裏的困難，已習慣了「無感受」，所以罕有的眼淚，是聖靈給我的印證。

誰知很快又要再落淚了，中學的好朋友「大豬」突然離世，當年我們二十歲，他是基督徒，好兒子。初信的我就帶了聖經和幾本書，獨自跑上八仙嶺，看海、沉思。從此我就開始思想很多苦難問題。老實說，沒有苦難才是奇怪，但卻沒有人想通苦難帶來的迷思。聖經並不是製造美麗的圖畫，卻是叫人迎頭面對人生各樣的苦難。

在醫學院唸了兩年，來到人生最後的一個暑假，得到教會的支持，先到泰國參觀宣教醫院，再到英國參加「國際基督徒醫學生會議」，這也是我第一次乘坐飛機離開香港！在會議中，我認識了來自不同國家的朋友，原來當時從貧困的非洲及印度已差派了很多宣教士，身為中國人的我，開始感受到那份挑戰，作跨文化的服事工作。

一邊學習，一邊參觀，與妻子一同尋找方向，十三年後正式在阿富汗開始了我們的醫療服事。

戰場教室

九一一事件前，香港人對阿富汗可謂不認識也不關心，事發後方知伊斯蘭世界是如此龐大，如此接近。

為何要到阿富汗工作？因當時覺得華人的資源非常豐富，卻較少去服事其他民族，想去見識和學習，去經歷上帝。一九九一年應邀往阿富汗探訪，正是前蘇聯撤軍後游擊隊內戰期。那時當地最急需訓練眼科醫生及物理／職業治療師的專業人員，我和太太正正非常適合這工作。

一九九三年正式上路，當時首都喀布爾內戰激烈，從此六年，我們的生活就在戰場裏了！一九九六年塔利班入城後，又是另一種從未遇過的挑戰。

有沒有犧牲？老實說，我得到的、學到的遠超過我所付出的。原來人生短暫，活在極權或動盪國家中的人，到處皆是，像香港人能享安逸的只是少數。死亡可隨時來臨，也不用驚奇，太太韻韶連我的安息禮拜也曾經想好怎樣安排了！我們也真的學會把握今天的機會，應做的事快去做，不要過分計劃將來。

大城市裏事事講求數字與效率，已經失去人情味，反而在阿富汗經歷很多出生入死的真摯友誼。在這裏重新體會到上帝所關心的是每一個人本身，而不是我們可以替上帝去做甚麼事。人很渺小，不必自高自大，反而要願意花時間去關懷，這才是上帝的心意。

世界政治複雜，但也可說很簡單，都是罪太深。愈來愈確信聖經的真理，人離開上帝，就自尋死路。但願我們能夠從苦難中好好反省，讓生命成長，享受與上帝與人同行的日子，不枉此生。

父母的見證

我們通常認為到貧窮國家事奉是極大的犧牲，不單放棄職業，更撇下父母。但人生並不是一條方程式，誰能計算得失？

要去阿富汗工作，父母當然是捨不得，除了對兒子在經濟及成就上的期望幻滅外，亦非常擔心我們的安全。當時媽媽已信主， 一九九三年她的偶像 Beyond 樂隊的黃家駒在先進的日本因意外逝世；一九九四年石硤尾銀行大火，死了十多人。媽媽醒悟到人的生命操控在上帝手中，行在上帝的旨意中便不用擔心了。我當然不敢告訴他們那些非常危險的經歷，但在阿富汗的年日，父母見我們肥肥白白，已感受到上帝的恩典。我們的教會著重支持供養海外同工的父母，並常

常關心他們，這是很好的見證。

在阿富汗六年了，考慮到自己是以眼科為主要的服事工作，應是時候回港進修。並且爸爸糖尿病及心臟病加重，還是回來香港再打算。回港後，爸爸心臟病惡化，經常出入深切治療部。他的心臟科醫生是個超級好人，鼓勵爸爸說，他兒子在阿富汗幫助人，他也會好好照顧他，爸爸就常記心中。他更在夢中見到耶穌。患病中他也遇過一些認識我的好人。在種種見證和家人的鼓勵下，他終於決志信主，對這位大男人來說實在是奇迹！父母間之關係也開始改善了很多，兩年後在他的安息禮拜中播出他的見證影帶，讓大部分未信主的親戚知道爸爸的經歷。外父外母已信主多年，見到我們回港後立刻找到工作和居住地方，種種恩典叫他們不住感謝讚美。

莫説不能

常有人問道：「如何認清上帝的呼召？」除了某些標準答案外，其實自己還是在摸索中。

當被邀擔任施達基金會總幹事時，我起初是不願意做行政及籌款工作的，但因在阿富汗的深刻經歷，又很想在教會中推動關心世界，所以便接受了邀請。上任後，開始明白多一點，上帝毋需倚靠我們的技能（屬靈上稱之為恩賜）去替祂做事。年青時我常説不做教師，不做行政，不做牧師。但上帝要我在阿富汗當醫生教師，在施達擔任行政！上帝的奇妙和幽默感，很多人都可以見證！

上帝呼召先知時，他們往往説不能甚至逃跑，明知困難但上帝又偏要他們去。我不是先知，但開始更了解在這崗位要完全倚靠上帝，又要靠人，而靠自己一點也不能。我開始體會上帝的呼召，是聽從祂的吩咐，要我成長。果然，在施達基金會的事奉令我獲益良多。我們有一班非常委身和同心的同工，並與世界各地的伙伴機構合作，了解貧富懸殊的嚴重性，人的不義、貪婪，還有愛滋病、人口販賣、性別不平等、環境破壞、受害兒童、戰爭、糧食危機等等災難性的情況。香港就像溫室環境，即使發生在身旁的事也不以為意。當翻開聖經再去研讀，原來關於公義與貧窮的經文，據統計大約有二千多處，而且不斷強調，上帝就是公義。我覺得我們基督徒有很多方面都要重新學習及改變。

現較多人會講「行公義，好憐憫」；較少人會提「存謙卑的心，與你的上帝同行」。沒有真正的謙卑，我們就只會彼此傷害，不能有合一的力量和見證。這是我的觀察和學習，互勉之。

1 擔任風帆教練
2 退修會合照
3 在阿富汗眼科醫院教授手術
4 在西非塞拉利昂與當地人合照
5 擔任副機長？

凡事都不可虧欠人，惟有彼此相愛要常以為虧欠；因為愛人的，就完全了律法。（羅十三8）

07

Life as a Journey

活出燦爛的生命

余德淳

余德淳訓練機構有限公司總監

畢業於香港大學並獲社會科學碩士學位。一九九二年榮獲「第一屆香港優秀社工獎」，一九九四至一九九六年擔任香港心理治療團體學會會長。曾任教於香港理工大學及為香港大學通識教育EQ學科講師，電台有關EQ的節目主持人，並連續十八年擔任香港聯校領袖訓練營首席講師。

不要妄求長命百歲，
因為我們都不能改變
上帝命定的年歲，
但卻可讓自己每一天
都過著有質素的生活。

講壇生涯

這是一段我於二○○七年寫下的日記，很想與你分享：「有一次我到沙田大會堂演講，座無虛席，原因是家長帶同孩子一齊來聽我講解升中一的心理準備。每當我講到孩子應盡的責任時，那些熱情的爸爸媽媽都馬上低下頭向孩子細聲鼓勵，多麼幸福的家庭啊！然而當回想自己的經歷時，我好像全沒印象父母曾與我出席學校活動的情景，似乎真的一次也未試過。」

是幸福還是不幸？真的要在十多年後才能印證。沒有父母的貼身關懷，也許會使我們對別人的需要不敏銳，欠缺溫情的家庭是很難培育出一位好的兒童心理專家。然而，欠缺父愛母愛的人，又可能因著環境所需而「迫」他早些自立，既不期望別人代勞，就常要求自強、自愛！你可能會問我，我的最佳導師是否全來自溫情家庭？我肯定地告訴你：「不全是。」這是信仰的力量，彌補了我和一羣最佳導師在早年的欠缺，今天我們可以很掛念孩子，並且有很大的熱心去愛孩子！

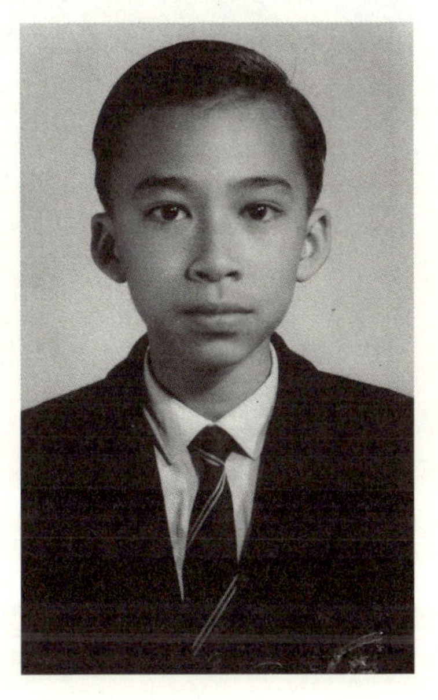

我由二十歲開始當社工，三十五年來也許演講逾三千

次，我真的不能為自己選出那次是最精彩的演說。我覺得每次的演說，耶穌也給予我助力。每次有機會對著人羣，都是充滿關懷和預備得很豐富的。我的信仰使我的工作生活絕無遺憾。你有否想過參考我的職業生涯，到香港、澳門，甚至澳洲闖闖嗎？那幾十年的日子都是美麗的回憶。請記著「不要做將來你會後悔的事」。你若不單為錢而做事，你便不會覺得枯燥，加上準時、準確和好的準備，你的產品必然是耀目的。每次我步下講台的心情也很輕快，彷似有翼飛下，應說是「如釋重負」！

你有美麗的回憶嗎？願你一生無悔！

授徒生涯

你今天過得有意義嗎？

除了能獨立生活和供養父母外，你有否想過把賺到的錢成為別人的祝福？

我所創辦的訓練中心，很想招聘多些對兒童教育有抱負的職員，一來是可教導更多孩子，但最基本的原因，是我想與我的同事分享教育兒童心理成長的方法。我從不登報聘請在大學有著良好訓練的社工，亦不會建立一個大股東集團，像大規模的補習社般擴張營業。

我是在一九九七年離開教了五年的理工大學社工系，該五年我已教過數百個社工學生，他們都是在會考和大學入學試取得好成績的年青人，今天他們大多可享受中產階級的專業人士生活。但我卻在自己四十五歲的黃金時期放棄當大學講師，為的是讓自己生命多一個不易完成的夢。

我相信有很多人是熱心教小朋友的，當中有些是會考成績不算好，甚至不能入讀預科，然而他們卻需要有人給予訓練的機會。他們當中更有不少是有信仰、樂意以生命影響生命的基督徒，他們終有一天能成為專業人才。可是，他們的大學訓練之門早已關閉了！

為了接觸到更多這類好青年，我決定離開大學，建立公司去尋找這些未來的人才。這幾年已遇上幾個了！上帝從來未造過一個沒有用的人，更常常藉著基督徒把祂的愛讓人感受到、經歷到。

珍惜你每天的學習，你的生命會更燦爛及成為別人的祝福。

總結：你不是一個沒有用的人！願你天天找到新意義！

享受人生

今天，就讓我們去發展自己的首選生活角色吧！為此，我把每一天都分為春、夏、秋、冬。

春

起牀前，為自己挑選一件今天最值得去學、去嘗試做的事。這種個人計劃很重要，如果你一天到晚所做的事，給你的都是次等的感覺，你怎會起勁？

因此當我拿起筆記時，已覺很享受。你也可像我在每天的開始，便有著春天的希望、朝氣吧！

夏

克服困難就是我的夏天，學自己未學得好的知識，尤其虛心學別人的優點，這是一個很高回報的工程。試想想如你由今天開始的兩個月內，你像模仿大賽冠軍般學會了你那幾位訓練導師的功夫，你的價值會提高了多少？

秋

如果夏天是開墾，那麼要常用筆記簿綜合每天的發現，甚至寫成祕訣，那就是我的秋收。很多人上了很多堂課，卻不能撮要地以短二十倍的時間說出來！難道別人要等你每天都從頭唸一遍嗎？所以，每天必須用一小時做經驗整理，以致你常為那厚厚的撮要筆記簿而自豪；那一百頁筆記，正可代替別人二千頁的記事簿呢！

冬

最後，冬天是大團聚，家庭好友共聚，讓人在感情上獲得高度滿足，不要只著重賺錢、名望。你要維繫與家人、朋友的美好關係，那才是真豐收。

不要妄求長命百歲，因為我們都不能改變上帝命定的年歲，但卻可讓自己每一天都過著有質素的生活。耶穌在世僅三十三年，但祂所做的偉大事情，恐怕萬人的總和，也追不上祂！

總結：過一個屬於你最精彩的春夏秋冬！參考我的春夏秋冬，能度日如年！

珍惜機遇

我每逢去一個地方演講，都會回想我與主辦機構是怎樣認識的，這常使我記起我們大多是從一個「偶遇」開始的。例如，我返我小學母校演講時，令我憶起童年時是住在跑馬地，後因祖屋重建後全家遷往般含道，剛好適齡入讀小一，並在這一年就讀最近的那間小學。

然而當我小四時，我的一位長輩介紹我入讀一所英文小學，從此我就有機會接受較高程度的教育，讓我多年後能考進港大讀碩士。

偶遇，何等改變人的命運！我們與任何一個人相遇，也可能是明天劇變的開始。我相信只要有一個機會就是一個機會，而偏偏人生就滿載上進、反彈的機會。如果你看輕某些不顯眼的「機會」，你就會有可能錯失燦爛人生！

多年來，我見過一些年青人，因說話怠慢而失去受別人重用的機會。在我機構裏也出現過不少這樣的人，他們失去了發展所長的機會，全是因為不珍惜「偶遇」的機會。

我要求自己對所有認識的人都不可怠慢，在相處上從不阻人時間，也要急人所急。當碰上同一時間要趕著完成自己及別人的事時，我必盡快做好別人的事，然後才趕自己的。當對方感到我矜貴他／她，他／她必選我為優先拍檔。當人人都視你為優先的合作對象，你想事業不順利也很難了！

總結：一個偶然，能改變你一生！祝你珍惜一切偶遇！

1 在合一堂洗禮
2 大學時的同學
3 中五時候的老師同學
4 在基督少年軍一同事奉的伙伴

生命獻主，為主所用！

08

Life as a Journey

生命．召命——上帝的工程

鄺玉婷

城市睦福團契總幹事

喜歡走進他人的生命，尤愛小孩子。於臨屋區任職社工期間，真實地接觸社會上的另一羣，受感傳福音給貧窮人。後在中國神學研究院取得道學碩士學位，加入城市睦福團契（前身為香港木屋區福音團契），走到香港的邊緣中服事人。現任城市睦福團契總幹事，致力推動貧困家庭的福音及社區工作，並研究服事基層家庭的課題，獲柏祺大學研究院（香港）頒授教牧學博士。

上帝讓我們能夠在別人孤單、
脆弱的時刻，
陪伴他們一起經歷和
走過生命的窄路。
這是上帝的恩典，
可作上帝的僕人及使者，
在憂患之處播下安慰。

「耶和華啊，現在你仍是我們的父！我們是泥，你是窰匠；我們都是你手的工作。」(賽六十四8)

上帝給每個人都有不同的呼召與命定，祂會在我們的成長階段中藉著不同的人和事物塑造我們的生命。回顧過去，看到上帝的手，一步一步的帶領我走事奉的路。以下五篇文章是我成長的片段，都與上帝給我的召命緊扣——祂給我很多機會與貧窮人同行，在不同的層面認識他們，預備我今天服事貧窮人，實在感謝上帝當中奇妙的計劃。

盼望你亦能在生命裏聽見上帝的呼召，認定主的帶領，專心仰賴祂，因為祂必指引你的路！

舊區．我家．主的家

自嬰孩起，我的童年、青年時期都是在紅磡舊區居住，於同一條街道、同一層唐樓生活。兒時的回憶很多，樓梯間的扶手是我的滑梯，猜包剪揼是我和三位哥哥常玩的玩意。

舊區數十年來沒有太大改變，一直吸引許多新來港基層家庭到此聚居，全因這兒租金便宜，沒受太多法例監管。父母在六十年代結婚後，選擇在這裏一間小小的板間房落地生根，築起一片新天地。

堅毅是我爸爸的優點，由家鄉走難來港當學徒，學裁縫、睡工場的牀。媽媽在工廠當工人，要跟其他女工共睡一牀，沒有自己的獨立牀鋪。生活也許滿是艱辛，但牙關咬緊後，父母熬出成績來，由小房間到後來有能力租一層唐樓，更開了一間小店鋪。這唐樓的前方是工場，後方便是住家了。

及後，哥哥們要唸書，因家裏不夠安靜，就跑到教會開的自修室去溫習。感謝主，他們信主後，向我們一家傳福音。爸媽看見我們信主後，在教會有好的成長，後來竟也決志了。母親現已年邁，拖著七十多歲的身軀，攀上唐樓的梯級也感到有些吃力。有許多老街坊跟我的哥哥們一樣，婚後搬離舊區，到有較多設施的屋苑居住。現在，搬入舊區的又是另一批新來港的基層家庭。

在城市睦福團契（簡稱「睦福」；前稱為「香港木屋區福音團契）服事，走到不同區域（包括荃灣及其他舊區），別有一番滋味。自己生於舊區，與舊區街坊聯絡時，親切感油然而生。盼望舊區的小孩可以像兒時的我一樣，更多經歷主耶穌的愛；亦盼望現時所接觸的基層父母，為家庭傾力付出之餘，可像我父母一樣，在主內有一個安穩的家！

基層的學習生涯

父母雖然出身基層家庭，生活足襟見肘，但十分重視子女的教育。爸爸年輕時住在農村，讀書不多，但很著重對身邊事物的了解。他很難得在農村收到一份報紙，得悉中國大陸政權逆轉，令他決心要來港。自此，爸爸更體會讀書識字的重要。當我們幾兄妹出生後，爸爸亦甚看重我們的教育。

雖然讀小學時，家裏沒甚麼錢，談不上報畫畫班、學彈琴甚麼的，但爸爸竟願意付比房租還要貴的價錢僱人幫子女補習。自小父母就為我鋪排升學路，打從幼稚園開始，一直升上小學、中學，他們都為我安排就讀同一所英文女子學校。由於我來自基層，就讀此類中學讓我可以接觸不同圈子的人，有助我日後升讀大學的成長。感謝上帝讓父母有如此一顆培育子女的心！

爸爸亦是一個勤奮的人，開了一家裁縫小店，每天由上午八、九時一直工作到晚上十時；哥哥們比我年長數載，亦是我勤奮讀書的好榜樣。後來，他們要應付會考，便由我來做他們一向在家中負責的工作：打鈕門、配拉鏈，幹一些「跑腿」的活兒，有時由工場帶些工作回家裏做。然而，當時我心裏十分樂意，因這可讓我為家庭作一些貢獻。這令我想起一位貧困家庭的小孩：在一次旅行中，同工向參加者派發汽水，有位小孩收到後珍而重之，他看見別人喝畢汽水，便主動問他們可否要那些空汽水罐，想要拿回家給媽媽。看見這位清貧的小朋友想幫補家計，實在令我們很感動。當貧困家庭的小孩遇上生活或功課難題時，未必像我以往般，有哥哥或補習老師去幫忙。而最近睦福正籌辦「友師計劃」，深盼貧困兒童可以得到教會哥哥姐姐的陪伴，並得到更多資源，協助他們成長。

委身的心

中一時，哥哥帶我信主，當時我是很單純的接受了。早於小學，我已聽過耶穌的點點滴滴。然而，家人不放心我獨個兒上街，要到中四才讓我上教會。

會考放榜，知道自己成績應該不俗，按道理說，準可升讀原校。怎料校長竟收起我的成績單，等到黃昏才給我面試。他知道我向同學傳福音，就警告我不能再如此作，不然我就不能升上預科。年少的我，是首趟被「逼迫」，心感委屈之餘，亦是對我傳福音的一次考驗。我唸的不是基督教中學，沒道理為了一個學位而不再與人分享福音！我向哥哥分享此事，翌日他鼓勵我嘗試到另一間基督教中學報名。這中學的中六學位早已滿額，然而我竟獲取錄，上帝是那麼奇

妙！自此，我可選修心理學，這學科有助我日後升讀社工系及從事人事工作。這個信仰路的記號，讓我反省更多自己對上帝的委身。

入讀大學後，忙「上莊」、學生會、實習，還加入詩班。聽到關於「委身」、讚美主的詩歌，讓我反省自己該如何過這一生。然後，我尋求畢業前路。我在禱告中對上帝說：「祢要我做甚麼工作也不要緊，最重要是祢讓我清楚祢的呼召。無論結果如何，我都順服祢。」我願意把生命進一步獻給上帝，上帝帶領我到一間基督教社區服務中心當社工，同時在教會內替宣教士做翻譯工作。這名宣教士邀請我到第三世界國家教授英

語，奉上兩年作宣教。難得可以有兩年全職服事，當然是一樁美事。不過，心裏有一番掙扎，擔心返港後能否找到工作、社工的專業該如何繼續，還有資歷、待遇等，背後似乎要付上不少代價。家人得悉這事，各有不同的反應。到底我願為主擺上嗎？我再次思想委身的代價。

最後，過了許多難關，又在不同的引證下，我辭了職。正預備去宣教之際，突然收到通知，說宣教的旅程未能成行。雖然我萬般不明白，但事後隔了一年，回望才發現上帝藉此鍛煉我，預備我獻身讀神學，以及為我領受服事貧窮人的呼召，譜了一曲序樂。

服事貧窮人的召命

大學畢業的第二年，上帝帶領我到臨時房屋區當社工。當時，上帝呼召我服事貧窮人。

還記得臨時房屋區是一排排的平房，由木和鋅鐵組成。它們站在都市邊緣，木柱都給白蟻蛀透了。屋內沒有衞生間，有需要便要到公廁。細小的居住空間逼使我們走得更近，大小事我們都願意分享。這樣，我與那兒的居民一同生活，不同的是，我在上班，他們住在那兒。許多工人向我反映勞工問題，許多長者亦反映退休生活缺乏保障，不少新來港婦女對港人感到畏懼，更有被邊緣化的危機。我在想：究竟福音對他們的意義何在？我想向他們傳福音，但在這樣的奔波磨練中：當小販、被老闆欺壓、等十多年仍未清拆臨屋區、仍未被安排上公屋……對政府心生怨言……如何才讓他們明白，主的寶血救贖了他們？

當時我認識一位街坊，他被強逼借錢，後來遭到惡待，送院後不久就過身了。我感到很扎心，上帝亦藉此讓我深深體會傳福音給貧窮人的逼切性。日後，我領了他太太信主，不過她上教會時，遇到許多文化方面的不適應，這讓我反省教會該如何走進社區。

當時我二十多歲，渴望被主使用，於是在禱告中尋求前路。上帝讓我思想究竟自己該做全職基層福音工作者，還是繼續做社工？後來我參加神學院的獻身營，有師長勉勵要好好把握九七回歸前的日子，裝備自己，回應大時代的需要。其後，我在禱告中確定上帝呼召我傳福音給貧窮人。一九九四年，我終於入讀神學院。一九九七年畢業後，上帝領我來到睦福服事祂。在這歷史性的時刻，可以回應禾場需要，在回歸時進入上帝的工場，實在是很大的恩典。

回歸以來，香港貧富懸殊十分嚴重。現時，本港約有一百二十萬貧窮人口，堅尼系數高達0.533，在全球已發展城市的排名中，排列榜首。感恩我可以在這特殊的環境，與教會攜手，傳福音給貧窮人。

在睦福服事的日子

上帝給我服事貧窮人的呼召。一九九七年，祂帶領我到睦福，在新界偏遠的寮屋區及城市舊區關心貧窮家庭。當中品流複雜，有麻雀館、風月場所，貧窮人住在當中，生活一點也不易，很希望上帝的愛可以臨到他們。在服事中，遇上殺人犯、吸毒者……唐樓的樓梯間有老鼠、蟑螂，天氣翳焗時，攀上樓梯更使我汗流浹背。有時要到山坡探訪寮屋區居民、跑山頭，真可稱得上是「披星戴月」。在前線的日子，雖然很辛苦，探訪到深夜，但感恩的是看見所接觸的窮人逐一信主，感到一切也很值得！

十多年來，一個又一個木屋區相繼遷拆，然而本港貧窮人口不但沒有下降，貧富懸殊更見嚴重，堅尼系數由

一九九六年的0.518升至二〇〇六年的0.533，而貧窮人口由一百二十萬升至二〇一〇年上半年的一百二十六萬。現時，不少窮人散居在睦福所服事的區域，包括屯門、元朗、將軍澳、葵青等。藉著在睦福服事，我可以走到收容中心、新型的臨時房屋區——中轉屋、天台屋及板間房，接觸破碎的生命：來港尋夢的黑市居民、受丈夫虐打的婦女、沒父母理會的孩子……當我和弟兄姊妹逐家逐戶探訪時，實在感到上帝很顧念居住於社會邊緣的家庭。

在睦福事奉的日子中，令人驚歎的是看見上帝的工作。祂在不可能中，創造可能。當一位街坊在困苦中得到幫助、一位拜偶像的新移民決志信主，這一點一滴都令我感到上帝的奇妙。我們所擺上的實在算不得甚麼，沒有甚麼可誇的，所誇的就只有耶穌基督。我在睦福事奉時所遇到的每個挑戰，都幫助我看見上帝的大能和作為。

上帝讓我們能夠在別人孤單、脆弱的時刻，陪伴他們一起經歷和走過生命的窄路。這是上帝的恩典，可作上帝的僕人及使者，在憂患之處播下安慰。感謝上帝差遣我們承擔基層宣教的職分，與教會並肩，讓人在困苦時看見在基督裏的盼望。

1 探訪寶田邨家庭
2 香港浸會學院第二十二屆學生會就職典禮
3 畢業於中國神學研究院
4 與街坊合照

We are His house if indeed we hold firmly to our confidence and
the hope in which we glory.

09

Life as a Journey

痛苦地幸福下去

馬鎮梅

突破出版社總編輯及經理

土生土長，先後求學於香港中文大學及香港大學，以及在中國神學研究院淺嘗神學滋味。曾任教中學，後轉職出版，發現文字工作有無盡挑戰，也充滿無窮魅力，可以託付終身。職場中涉獵多項教育先導計劃（包括傳媒教育、批判思考、全人教育、通識教育、生命教育等）之出版項目，亦曾統籌及編撰不同類型書籍，包括教科書、童書、青少年及大眾叢書、電子書等。目前擔任廉政公署《拓思》義務編輯委員及香港出版學會義務執行委員。

隨著日子的流逝，
慢慢我領略到，
其實苦難只是人生一種現象，
我並無特權可獲倖免，
當中確實淒苦難熬，
但我愈來愈明白一件事，
要是就此被它們定奪我的命運
以及左右我的人生觀，
那我就更可憐可悲。

上帝不願我停學

我的生命是一首喧鬧的樂章，因為與主相遇，調子才有機會出現變奏。細味段段苦澀歲月，當中卻又夾雜恩典不知幾許。

小時候經歷了多年各種各樣的家暴，常幻想自己是個給收養的孩子，那就最好不過。而我暗地裏也以孤雛奮進故事的主角自勉——要努力，要長進，也要報答「父母養育」之恩。哈，那是一個不會逃家的孩子，在思想上偶有的出逃方式。

最後我們與母親一起生活，整個家幾乎都靠母親兩根做女紅的指頭撐起。故此，哥哥縱然會考成績不俗，已率先粉碎了升學夢；我是女兒家，更不敢作甚麼奢望，乖乖地自習速成打字法，a、s、d、f 的順序就在那時學會。我恰巧在會考前兩個月信主，初學禱告，單純地把這個相當重要的事兒交託，於是天天都輕輕鬆鬆唱著歌上試場，回想起來都覺得自己當時很可愛。

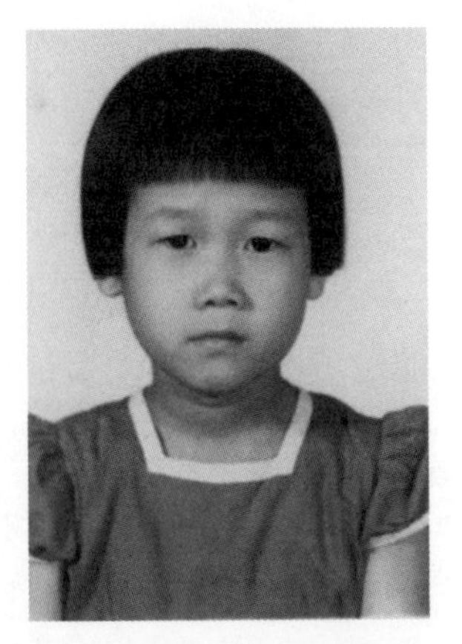

放榜成績算是中上，對自己有了個交代，就坦然跟相熟的同學說打算當打字員去了，說罷，她的眼睛比我還要紅。哥哥敢情是飽受失學之苦，竟不斷為我說項，做夢也想不到升讀預科的機會就這樣從天而降！我懷著興奮心情，珍惜以為是最後的求學機會，半點也不敢怠慢。可是，到了考大學試前的關鍵時刻，竟因一場急病而要停學數月，連畢業試也未能參與，高考也只能馬虎應付，心情之沮喪實難以言喻。

在停學的幾個月內，我又經歷了人生另外寶貴的一課。

假裝上學的日子

高考前數月，教會一位很疼我的姊妹芬姐姐，看見我的臉色不對勁，硬要拉我去看醫生，即使我怎樣費盡唇舌也推不掉。在蠻有格調的醫務所外，我尷尬得要命——哪來錢呢？醫生一臉嚴肅，左右檢查，問了許多問題，兩道粗眉愈靠愈攏，還要我改天照胃鏡。芬姐姐替我繳付了所有費用，但我還是很擔心如何清還！

報告出來了，我被發現得了胃潰瘍，十二指腸附近還有個小腫瘤，醫生很權威的下了一道命令：「我給你試一種新藥，你不准再上學，不能參加這次考試！」我聽後如五雷轟頂，怕的不是死亡，而是不知怎樣把狀況告訴母親……複雜的家庭問題、突如其來的疾病、即將舉行的考試、沉重的醫藥費……

我無助地看著芬姐姐，她只管摟著我的肩，然後打了幾通電話，便帶我往教會一位長者家裏去。黃太是位退休的註冊護士，她給我倒了一杯開水，慈祥篤定的跟我分析情況，勸我先放棄校內畢業試，至於大學入學試，則看康復進度再決定。她們明白我家裏的處境，所以由芬姐姐到學校跟老師解釋；至於每天「上學」，就往黃太家裏休息，有精神就稍為溫習一下，時候到了就「放學」回家。我考慮了很久，終於給她們說服了。

這兩個月裏，黃太不厭其煩地每天給我烹調特別的餐飲，為我編訂作息時間；而芬姐姐就負責帶我看醫生，做體檢。她們的配搭，不但讓我的身體慢慢康復過來，更逃過一場家庭風暴。

這段假裝上學的日子，想起來還心有餘悸，至今，成績表一直懸空了那學期的家長簽名，家人也不曉得有這麼一段歷史。至於那筆龐大的醫藥費，當然毋用歸還。只是經此一役，我對「愛」有了很深刻的體會，原來上帝對人的關顧可以這麼鉅細無遺，可以如此實在貼身，可以那麼長久持續。

結果，我居然考上了大學。真如我在上文所說，看來上帝真不願我停學，祂對我別有一番心意。

窮得滿有恩典

考上了大學，母親當然不想我平白浪費這機會，惟一的難題就是「錢」。我明白要唸上去的話，以後的開支得要靠自己了。課餘兼職家教、幫忙教授帶孩子、在學生會找兼職，但也不足以支付龐大的學費及宿舍費用。我經常看著單子上的最後繳費日期乾著急。曾試過有一個學期付款後，剩下的錢只夠我買八片白麵包，我把它平均分配作為七天二十一餐的食糧，每次吃一點點，然後喝好幾杯大開水。

到了第七天，我在大學火車站碰上一位中學同學和她的男友，言談間給他們揭發了我的緊絀，那男生二話不說就掏出二百塊錢硬塞給我，還痛罵了我一大頓，說我不夠朋友，有困難不跟他說云云……試過幾要餓暈的滋味，那一頓白米

飯，好像格外的香甜飽暖。

另有一個學期，在繳費限期前一天，納悶間已走到學生會的信匣前，發現有封學院給我的信，拆開後我簡直不敢相信自己的眼睛，那是一筆足夠我一年使用的獎學金呢！我把它按壓在胸前，作了個深呼吸，再打開信件重頭讀一遍，確認每一個字後，感到全身像浸泡在一池暖水中，每個細胞都融化了，淚水沿著鼻梁簌簌而下。

大學最後一年，功課格外繁重，既要應付學位考試，又要撰寫畢業論文，只好辭退家教及兼職，專心唸書。動念之間，就收到一位學姊寄來的信，說有感動要為我每月奉獻金錢，並叮囑我不用歸還，日後有能力時，就把這份上帝的愛，傳遞給其他有需要的人好了。上帝供應的實在，使我震撼無比。

我，就在各種生活焦慮和夢境似的虛幻感覺中完成了大學生涯；每次我在優美的校園中散步時，都會為自己的幸運和幸福泫然感動。雖然日子有點艱難，也曾窮過餓過，但這份功課我深信是上帝為我設計的，我從此很少為金錢發愁，亦不斷實踐學姊交託的使命。

滿營的天使

六歲時因為一場風雨，我害了大病，從此跟醫院結下了不解緣。往後接二連三的發現許多健康上的毛病，及後又格外容易招惹意外，一次又一次的創傷累積下來，我變成個易脆易碎的玻璃人。

我試過遇上不懷好意的侵襲者，分別扭歪了我幾截頸椎，也把膝軟骨硬生生的扯斷。前者未能及時發現，遺害至今；後者要動手術，誘發了一些潛在的疾病因子，像無性細胞的繁殖，揪出一個又一個的問題，性命幾乎斷送。

多年輾轉求診，最終得悉原來體內竟有無法治愈的免疫系統毛病，自此疼痛就賴著不走。可是意外並沒有因此放過我，反而愈發戲劇性。太陽十分鐘的「親吻」足以把我二級燒傷、路人狂奔撞得我人仰馬翻，椎骨肋骨一併移位、木門鬆脱飛墮，令我遍體鱗傷……二○○七年在耶穌的苦傷道上，摔了莫名其妙的一跤，就折斷足踝兩根骨頭，在耶路撒冷度過一生難忘的平安夜。持續兩年的復康還未劃上休止符，事故續續推陳出新……

有位替我動過手術的醫生，曾憐惜地半開玩笑説：「你不如改個名字，又『鎮』（震）又『梅』（霉）的，bad luck得很。」真的，接踵而來的意外病患，我幾乎也變得「迷信」了，「迷信」壞事總找到我頭上，不明白上帝為何跟我開這些玩笑。

然而隨著日子的流逝，慢慢我領略到，其實苦難只是人生一種現象，我並無特權可獲倖免，當中確實淒苦難熬，但我愈來愈明白一件事，要是就此被它們定奪我的命運以及左右我的人生觀，那我就更可憐可悲。我必須單純的堅持，相信背後一定有我未能看見的美好。況且當我倒帶重溫，已過去或未過去的每一場苦難中，總往往有滿營的天使，不為甚麼的去愛我眷我；當我默觀穹蒼大地，一份永恆的恩情從沒變改地、溫婉地摟抱著我。

我的人生能有這種變奏，皆因我慢慢恍悟生命的得分，本來就不是靠人力死拚而來。天上其實有位「父親」，早已默默照管。當我學習去倚靠祂，享受祂在苦難過程中給我的愛時，心裏轄制我的「巨人」就會愈縮愈小，內心就點滴積存一種不易被奪去的篤定，逐一抹平過去崎嶇路段的辛酸，人也慢慢變得開懷。苦難，反倒形塑了一份惟我特有的氣質。

原來換了個角度看生命，一切都變得不同：家庭的磨練，可以讓我學會透視生命另有寬達之道；健康的拘限、頻生的意外，其實讓我了解靈魂另有提升之途。生命的完整，都不靠這些外在保障，心靈的位置若能擺放合宜，自能平靜安穩。這是一份長期的生命功課，沒有人能一下子就做得對、做得滿意。

憂愁與快樂、貧窮與富足、一無所有與樣樣都有，實在弔詭，全在乎我們對生命的信仰和態度。我，每天都在努力地學習，用力的去學習。

1 台北學習，偷得浮生半日閒
2 往蘭州探訪清貧大學生
3 熱情款待海外來賓
4 只要有陽光，冰川會很美

In the business of Theology it is hard not to be controversial.
(Jürgen Moltmann in *Experiences in Theology*)

10

Life as a Journey

那幾段……難以遺忘的時光

任志強

神學與媒體文化跨學科研究學者

又名飲者，成長於香港社會急劇轉變、媒體急速發展的年代，有幸（或不幸）做了多年傳媒人，後來想做（埋）神學人；兩度遁入校門讀神學又讀傳播研究，之後輾轉躲進蘇格蘭愛丁堡大學，思索如何腳踏兩船，結果成為全世界第一位專門在基督教神學與媒體文化之間搭橋的華人學者。現在主要從事有關的研究和教學、到市場買菜、逗狗、看貓，等等。中文著作包括《我愛丁堡》、《良心生活第一步》。

我終於完成攀爬，
低調下山。
面對的，
卻不是一條路，
而是一片無路的荒野。
但不打緊，
因為世間上本來就是沒有路的。

我老竇係男人

小學某年，中秋節之前幾天，家父遽然離去。是心臟病。

對於我們一家，中秋，從此不再一樣了。對於我，生命的路途也不一樣了。

家父在日治時代的台灣出生，在當地度過早期的童年，在香港長大，精通國粵英日語。（其實我沒有資格評定他精通與否，那是小朋友眼中的父親罷了。）

在我的童年時代，父親是香港殖民地政府裏一位非常普通的中層公務員：上班，蛇王，下班，出外打牌或回家，食雲絲頓。不過在那個殖民地政府還沒實行本地化改革的年代，他在華人公務員之中應該算是稍微高級的吧。他的上級大多是洋人。在我出生之前，他曾經是他那個部門駐新界西

北區的最高話事人。

又有段時間，他擔任部門的主控官，常在粉嶺或觀塘裁判署上庭，竟然會叫媽和我在庭上等他下班，於是，我便成了可能是香港歷史上坐在法院旁聽的最年輕聽眾。

假如父親不是突然離去的話，他本該快要被派到英國受訓，看來應該還有機會再上層樓。

星期日他帶我們最常到的茶樓是深水埗龍慶（因為祖母住在那附近），之後就帶我們到處去，最懶惰的時候就在家對面的公園玩，最輝煌的時候，是一家大小從九龍攀上獅子山然後從沙田下山，經過望夫石，下到西林寺食炸豆腐、炸番薯和蘿蔔餅。我那時唸幼稚園至初小，這樣的行程走過好多趟

了，絕對是現在難以想像的成就。

先父雖早去，卻也在我身上留下了好些痕迹……

我自問語言天分不弱（這是咱們幾姊弟共享爸媽的共同遺傳）；我百無禁忌、口不擇言（可能只得他的六成功力）；我自言自語或者玩的時候會講自創的「類粗口」語言（這方面只得他一成功力）；我愛煮（雖然煮得不算好）；我總是在上廁所時看書看報；我懶惰但對事情認真。這些大概都是從他而來的。

唉，好多年沒見了。最近十多年來，偶爾都會發現自己竟然想念他。噢……

從靜室禱告到避風塘服務

小學畢業的暑假某天，身材矮瘦得驚人的我，戰戰兢兢地踏進即將升讀的中學的校長室，像其他所有新同學一樣，由正副校長個別接見。

面見結束時，副校長文牧師說：「你家裏環境不太好，要用功讀書啊。」我默默點頭離去。事隔多年，文牧師當時的語調神態，依然歷歷在目。每當回想，心裏感動依然。中學時代，人未開竅，用功不成；但那句簡單的話，卻時刻提醒著我做人做事不能胡來，至今仍鞭策著我努力不懈探求學問。

我讀的雖然是教會學校，但當年校內「官方」的宗教氣氛並不濃厚，卻有一羣熱心的基督徒同學在「民間」工作，令學生基督徒團契蓬勃非常。我大概也是抵受不了一些基督徒同學的猛烈攻勢，開始參加學生團契的聚會，在團契的「靜室」裏查考聖經、唱詩祈禱，在週會裏聽講道，在夏令會熱血沸騰，像要把生命放在祭壇上燃燒。那時少不更事，對信仰之事似懂非懂；反叛的成長歲月，對任何新鮮好玩的事情都躍躍欲試；那個年代的社會急變，也挑動了我認識世界探索人生的心。

最堪回味的，要算中三中四期間跟一羣本校和他校的同學一起組織自務會社，服務油麻地避風塘的艇戶。一兩年之間，我對世界與人生的體驗來了個大躍進。相比之下，學生團契裏所講的那一套信仰，便顯得太私人化和抽離現實了。

我最早期的探索信仰之路，就是在這樣龐雜的處境下慢慢起步的，表面平靜，內藏暗湧。畢業後，我開始參與中學隔鄰的循道衞理聯合教會聚會，對基督的信仰也在此紮根。及後多年的升學、工作、生活、進修，我都一直思考、探索和嘗試實踐基督信仰與社會現實的關連。

如今回望，我對當年在學生團契的私人化信仰很有保留，卻很懷念靜室裏祈禱的時光，特別是中五會考前後，前路茫茫，大家經常一起分享祈禱、互相支持的日子。當年常常走在一起的一眾同學早已四散。這些年來，不知上帝對他們怎樣了？他們又對上帝怎樣呢？

那一段美好的時光

那是個很多與我背景相近的人紛紛用腳投票選擇離開，而幾乎沒有人選擇回來的年代。

縱然是萬般不捨那美好得超現實的美國東岸校園，和對我們愛惜得超現實的朋友，我們在一個苦熱的七月四日深夜，拖著大箱大包行李步出啟德機場禁區，回到這片很多人爭相背棄的地方。

早年大學畢業不久就投身傳播工作，主要是影音媒體的創作和製作，也做一點對流行媒體的觀察和評論。我從文學、心理學和電視編劇訓練跳進製作，邊做邊偷師，幾年下來總算得心應手也文也武，上司器重同事錯愛，我也不知不覺間認定了，自己應該是長線做傳媒工作的。

但是，心底裏糾纏多年的問題始終不停攪動：「我的基督信仰，跟我的傳媒工作所面向的社會現實，究竟有何關係？」在應用的層面來說：「基督徒做傳播工作，最終（ultimately）所為何事？」

為解疑難，我定意探究聖經信仰所蘊含的社會信息，於是直闖門派林立、撞擊熾熱的神學重鎮讀書，雙重專攻基督教社會倫理和新約研究。那時波士頓神學聯盟裏共有九家不同信仰傳統的學院，同學可以在各院校自由選課，吸收各派菁華。

在波士頓讀書，既是以有涯隨無涯，在無邊際的神學與聖經研究世界裏亂闖，更是思想、信仰、人生的大豐收，是我生命裏至今最快樂最美好的年日，連漫天風雪下連夜通宵達旦、連前額長滿不再青春的痘，都是美好的。一頓自選菜色的神學盛宴，縱使囫圇吞棗消化不良，卻帶來往後多年的難言滿足。

我讀的是學術學位，同學畢業之後差不多都必然繼續進修，與我成績相若的，都聯羣結隊到哈佛、波士頓大學、杜克、劍橋讀博士，我豈不羨慕？畢業前那個寒冷的早春，我坐在圖書館的落地玻璃前，窗外風雪交加，窗內寧靜溫暖，對著幾家大學的博士課程資料翻來覆去，心如鹿撞。只是，我一直緊記自己剛到波士頓那夜的禱告：「我們來，是為了回去。」於是，在神學院的畢業生動向一欄，我寫道：「回香港，參與塑造急速轉變的社會文化。」

從夢鄉返故鄉，面對的是愈趨惡劣的傳媒生態，是令人喪氣的社會政治情景，更是對這一切不是毫無反應就是反應錯誤的教會羣體。於我，那是一大段非常艱苦吃力而充滿挫折的歲月。投入極大力量，似乎做過很多事情，至終卻是毫無建樹的。

無限風光在險峯

告別波士頓的美好時光，回到香港的現實。我投入了大量且過量的時間心力，自以為在推動一些重要的事，然而收穫卻是愈加強烈的挫敗和孤單、是不斷磨蝕的心靈和意志、是跟身邊一些重要人物的關係愈趨緊繃。面對世紀之交，香港基督教傳媒事工表面蓬勃，但我只看見危機重重，自問也看不清基督徒在這時代做媒體工作其實可以怎樣。

於是，我毅然離開多年的工作崗位，刻意抽離熟悉的人事脈絡和社會場景，到蘇格蘭愛丁堡大學潛修，為要對走過的路、做過的事作個深入的盤點反思，也探索一下上主對前面的路有甚麼帶領。那幾年，好玩而艱辛。

生活上，我再次確認自己十分喜歡非常簡單的生活。自問

從來都活得非常簡單，在香港應該屬於超低消費的少數極端分子。到一個平均生活指數比香港高昂得多的地方讀書，對消費物價的敏銳、對簡單生活的刻意，就更自覺。差不多完全不出外吃飯、專門買市場裏快要到期的食品、天天往返走路一小時而不坐車，都是一般香港人難以想像的，卻正是我在愛丁堡幾年的生活型態。

學業上，吾師常把博士研究比喻為攀爬一座極高的高山，意謂興趣、能力、意志、冒險精神、細心計算，缺一不可。話雖如此，然若非親歷其境，真無法想像那座高山的陡峭。多少個深夜，望著街燈掩映下的天花，都在慨歎力不從心暗叫救命。加上我做的媒體與神學跨學科研究，是個新興的學術範疇，可鑒的前車甚少。我自覺有如在兩個孤島兩塊峭壁之間搭橋，涯下萬丈深淵，兩頭不見岸，有時深夜乍醒，頓然不知心靈歸屬何方。

強攻數載，我終於完成攀爬，低調下山。面對的，卻不是一條路，而是一片無路的荒野。但不打緊，因為世間上本來就是沒有路的。

1 著名的Elephant House咖啡室
（Harry Potter 孕育誕生之地）
2 神學院研究生工作間的休息室內
3 重遊波士頓，攝於市中心公園
4 人在旅途看報時

《**時代論壇**》簡介

創辦於一九八七年的《時代論壇》，是一份應時代需要而出版的週報，由一群對香港教會有承擔的牧者及信徒所發起。主要目標是在這急速轉變的時代中，提供時事和社會分析，輔助信徒洞察時變，積極回應時代的需要，發揮基督徒先知的責任；同時希望能建立資訊網絡，迅速傳遞信息，並促進教會彼此聯繫、建立共識、互相支援。

《時代論壇》創刊時，其角色和使命都十分清晰，它從來就不是市場主導的產物。在無休止的紛爭、矛盾和負面的資訊世界中，《時代論壇》仍舊以單純的信念，理性的思辯，以耶穌基督的心為心，用心去報道及評論，並提供互動空間，彼此豐富和勸勉。

《時代論壇》由資深報人李錦洪先生任社長，逢星期日出版，印刷版及網上版（網址：http://www.christiantimes.org.hk）同步發行，讀者超過四萬人。

「在講求競爭化的年代，我們憑甚麼和別人競爭？力量，來自過去；力量，源於三一真神的應許。」（李錦洪，〈社長的話〉，載於《時代論壇》網站。）

緊扣時代 服事教會

以文字傳揚基督真道

讀者意見表

衷心多謝你購買本社書籍。本社一直致力以出版事工服事教會，幫助信徒扎根於神的話語，促進靈命增長。為使我們的出版更能滿足你的需要，請填寫下列各項資料，並寄回或傳真予本社。

所購書籍：________________________

本書最吸引你的地方：

☐作者 ☐適切性 ☐文筆 ☐設計 ☐實用性

☐其他：________________________

購買本書地點：

☐基道書樓 ☐基督教書店 ☐非基督教書店

性別：☐男 ☐女 職業：________________

信仰：☐基督徒 ☐非基督徒

年齡：☐ 16 歲或以下 ☐ 17～25 歲 ☐ 26～35 歲

☐ 36～55 歲 ☐ 56 歲或以上

學歷：☐中三或以下 ☐中五 ☐預科

☐大學 ☐研究院

☐我欲更多了解基道出版社的事工及考慮支持，請寄給我下列資料：

☐機構簡介 ☐新書資料 ☐基道會員通訊

☐《基道文字事工通訊》

姓名：________________ 電話：________________

地址：________________________________

____

傳真：________________ 電子郵件：________________

其他意見：________________________________

____

多謝賜教！

意見表可以傳真（2687-0281）或直接郵寄以下地址：
香港沙田火炭坳背灣街26號富騰工業中心1011室
基道出版社編輯部收